육각형
개발자

지은이 **최범균** madvirus@madvirus.net

▶ www.youtube.com/@madvirus

코딩하는 걸 좋아하고 나이 들어서도 코딩하고 싶은 개발자다. 좋은 책과 글을 쓰고 싶어 하며 유튜브나 SNS로 개발 관련 이야기를 나누고 있다.

육각형 개발자

시니어 개발자로 성장하기 위한 10가지 핵심 역량

초판 1쇄 발행 2023년 7월 22일
초판 2쇄 발행 2023년 9월 14일

지은이 최범균 / **펴낸이** 김태헌
펴낸곳 한빛미디어(주) / **주소** 서울시 서대문구 연희로2길 62 한빛미디어(주) IT출판2부
전화 02-325-5544 / **팩스** 02-336-7124
등록 1999년 6월 24일 제25100-2017-000058호 / **ISBN** 979-11-6921-123-9 93000

총괄 송경석 / **책임편집** 홍성신 / **기획 · 편집** 김대현
디자인 박정화 / **전산편집** 다인 / **일러스트** 김의정
영업 김형진, 장경환, 조유미 / **마케팅** 박상용, 한종진, 이행은, 김선아, 고광일, 성화정 / **제작** 박성우, 김정우

이 책에 대한 의견이나 오탈자 및 잘못된 내용에 대한 수정 정보는 한빛미디어(주)의 홈페이지나 아래 이메일로 알려주십시오. 잘못된 책은 구입하신 서점에서 교환해드립니다. 책값은 뒤표지에 표시되어 있습니다.

한빛미디어 홈페이지 www.hanbit.co.kr / **이메일** ask@hanbit.co.kr

지금 하지 않으면 할 수 없는 일이 있습니다.
책으로 펴내고 싶은 아이디어나 원고를 메일(**writer@hanbit.co.kr**)로 보내주세요.
한빛미디어(주)는 여러분의 소중한 경험과 지식을 기다리고 있습니다.

육각형 개발자

시니어 개발자로 성장하기 위한 10가지 핵심 역량

최범균 지음

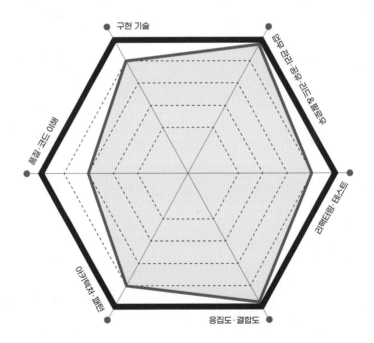

H3 한빛미디어
Hanbit Media, Inc.

이 책의 구성

이 책은 좋은 시니어 개발자가 되길 원하는 주니어 또는 중니어 개발자를 대상으로 한다.

1장 들어가며

- 실패 이야기
- 개발이란
- 개발에 필요한 것

개발 시야를 넓히게 된 배경을 설명하고 개발의 범주와 개발을 잘하기 위해 필요한 것을 정리한다.

2장 구현 기술과 학습

- 구현 기술 · 학습 대상 · 학습 전략
- 구현 기술 적용하기
- 주의할 점

개발자가 갖춰야 할 가장 기본적인 역량인 구현 기술을 다룬다. 학습해야 할 구현 기술을 어떻게 정하고 어떻게 익히는 지를 설명한다. 그리고 구현 기술을 적용할 때 고려해야 하는 내용과 주의할 점을 살펴본다.

3장 소프트웨어 가치와 비용

- 소프트웨어 가치
- 개발 비용
- 유지보수 비용을 낮추려면

코드 품질과 개발 시간의 관계를 살펴보면서 소프트웨어 가치를 안정적으로
유지하기 위해 비용적 측면에서 고려해야 할 내용이 무엇인지 알아본다.

4장 코드 이해

- 코드 이해 도구
- 이해하기 좋은 코드

코드를 이해하는 역량을 높이면 효율적으로 유지보수할 수 있고 개발 시간을
줄일 수 있다. 코드를 분석하는 데 도움을 주는 도구를 살펴보고, 이해하기 좋
은 코드를 작성하기 위한 기법을 알아본다.

5장 응집도와 결합도

- 응집도
- 결합도

변경에 유연한 구조를 만들기 위해 어떻게 응집도를 높이고 결합도를 낮추는
지를 살펴본다.

6장 리팩터링

- 레거시와 수정 공포
- 기초 리팩터링 기법

리팩터링은 기능은 그대로 유지하면서 코드 품질을 높이는 방법이다. 이해하

기 쉽고 수월하게 변경할 수 있는 코드로 바꾸는 기본적인 리팩터링 기법을 살펴본다.

7장 테스트

- 테스트 코드
- 테스트 가능성
- 리팩터링을 위한 테스트 작성하기

리팩터링한 다음 동작을 확인하려면 테스트 코드로 테스트해야 한다. 테스트 코드가 왜 중요한지와 자동화된 테스트의 장점을 설명한다. 그리고 테스트 코드를 먼저 작성하는 테스트 주도 개발에 대해 살펴보고 개발 생산성과 설계 품질을 높이기 위해 어떻게 테스트 가능성을 높일 수 있는지 알아본다.

8장 아키텍처·패턴

- 아키텍처가 중요한 이유
- 패턴 익히기

능력 있는 시니어 개발자가 되기 위해서는 아키텍처 설계 역량을 키워야 한다. 아키텍처가 왜 중요한지 알아보고 패턴의 유용함에 대해 살펴본다.

9장 업무 관리

- 업무 나누기
- 위험 관리
- 요구 사항
- 점진적·반복적 개발

- 수작업 줄이기

- 이유와 목적

어느 정도 경력이 쌓이면 업무 관리 역량을 갖춰야 한다. 업무를 잘 관리하기 위해 필요한 사항인 업무 나누기, 위험 관리, 요구 사항 이해 및 변경 대응, 일정 관리에 대해 알아본다. 그리고 좋은 결과물을 만들기 위한 점진적·반복적 개발 방법을 설명하고 업무 효율을 높이기 위한 팁을 제시한다.

10장 정리하고 공유하기

- 글로 정리해서 공유하기

- 발표하기

원활하게 소통하기 위해 글쓰기와 발표 역량을 키워야 한다. 모호하지 않고 정확하게 글로 표현하는 방법과 발표 역량을 어떻게 키울 수 있는지 살펴본다.

11장 리더와 팔로워

- 리더 연습하기

- 팔로워십

협업을 위한 리더와 팔로워의 역할에 대해 알아본다.

목차

6장 리팩터링

7장 테스트

8장 아키텍처·패턴

9장 업무 관리

10장 정리하고 공유하기

11장 리더와 팔로워

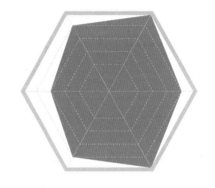

1장

들어가며

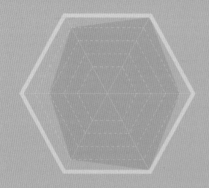

● 실패 이야기

● 개발이란

● 개발에 필요한 것

실패

첫 직장에 입사하고 한동안 기존 코드를 조금씩 수정하는 일을 했다. 간단한 서비스를 만들기도 했지만 주된 일은 이미 만들어진 코드를 유지보수하는 것이었다. 그렇게 유지보수 위주로 작업한 지 몇 달이 지났을까. 드디어 새 프로젝트를 할 기회가 찾아왔다. 모 업체에서 물류 관련 서비스를 같이 개발하자는 제안이 들어온 것이다. 개발 임원은 이 제안을 수락했고 나와 J씨를 개발 담당자로 지정했다.

곧바로 모 업체 사람을 만나 이 업체가 원하는 서비스에 관해 설명을 들었다. 만들게 될 서비스는 일종의 물류 경매 시스템으로 화주와 차주를 온라인으로 연결해주는 웹 서비스였다. 모 업체에서 간단한 요구 사항 문서를 작성했고 그 문서를 토대로 기능 개발을 시작했다. 이 시스템은 처음부터 새로 만들었다. 새로 만든다는 기대감이 커서인지 나와 J씨는 열심히 코딩했다. 야근도 자주 했고 심지어 쉬는 날에도 출근해서 코드를 작성하기도 했다.

기술적으로도 흥미로웠다. J씨와 나는 둘 다 개발 경력이 1년밖에 되지 않은 풋내기였는데 리플렉션Reflection을 직접 사용할 기회가 생겼기 때문이다. 리플렉션으로 런타임에 SQL 쿼리를 생성하고 실행하는 매퍼를 만들었는데 이 과정이 매우 재미있었다. DB 커넥션 유실을 막기 위해 자바 커넥션을 확장한 코드를 만들기도 했다. 이 당시는 회사마다 웹 MVC 프레임워크를 직접 만들어 쓰던 시절이었는데 우리도 간단하게나마 웹 MVC 프레임워크를 만들어 사용했다. 평소에 하지 못한 코드를 많이 작성할 수 있었고 프로젝트를 진행하면서 실력이 늘었다고 생각했다.

그렇게 몇 달 동안 열심히 개발해서 작업을 마무리했다. 아니 마무리했다는 믿음은 착각이었다. 실제로 서비스를 출시하지 못했기 때문이다. 서비스를 출시하지 못했으니 사용자도 만나지 못했다. 그때는 왜 서비스를 출시하지 못했는지 알 수 없었다. 리플렉션 같은 고급 기술도 사용하고 나름 열심히 개발해서 서비스를 만들었는데 세상에 내놓지 못한 게 아쉬울 뿐이었다.

이전에도 몇 달간 진행한 개발을 마무리하지 못한 적이 있었다. 이때는 3개 회사가 모여 기능을 연동해야 했다. 3곳은 내가 다니던 회사, 광화문에 위치한 H사, 강남 언주로에 위치한 S사였다. H사는 대기업의 IT 자회사였다. 시스템 간 연동을 위해 H사에 방문해서 어떻게 개발할지 협의하고 함께 구현을 진행했다. S사는 직접 개발을 진행하지 않고 외주를 줬다. S사와의 미팅은 잘 마쳤지만, 실제 개발 협의를 하려면 여러 단계를 거쳐야 했다.

나는 2개 회사와 연동을 협의하고 설계하며 구현해야 했던 신입이었다. 불운이었을까, H사 담당자도 경력이 얼마 되지 않은 주니어 개발자였다. H사 담당자는 구현에 어려움을 겪고 있었고 그러다 보니 자연스레 개발도 느리게 진행됐다. 게다가 각 회사의 관리자는 이 프로젝트를 제대로 관리하지 않았다. 그래서일까? 코드도 만들고 기능 연동도 일부 이뤄졌지만 제대로 된 결과물은 나오지 않았고 프로젝트는 어영부영 진행되다 결국 중단됐다.

 3년 차

시간이 흘러 어느덧 3년 차 개발자가 되었다. 자연스레 운영 중인 서비스를 유지보수하는 일에 능숙해졌다. 혼자서 새 기능을 만들 만큼 개발하는 데 자신도 생겼다. 초짜 개발자에서 이제는 혼자서 기능을 구현할 수 있는 어엿한 개발자가 되었다고 느꼈다. 문제가 시작된 건 이때부터다. 회사에서 실력이 늘지 않기 시작했다. 주로 하는 일은 웹 서비스 개발이었는데 같은 구현 기술을 사용하고 늘 비슷한 코드를 작성하다 보니 모든 일이 같다고 느껴졌다. 나는 동일 패턴의 SQL 쿼리, 유사한 JSP 코드를 작성하고 있었다. 간혹 API 호출 같은 다른 방식의 기능을 구현할 때도 있었지만 같은 일을 하다 보니 회사 일에 흥미가 떨어지기 시작했다. 내가 사회생활 초년기를 보낼 때는 자카르타 프로젝트라는 것이 유명했다. 자카르타 프로젝트에서 새로운 기술을 배우고 사용하면서 회사에서 찾을 수 없던 즐거움을 느끼기도 했다. 하지만 이마저도 회사 서비스에 원하는 대로 새로운 기술을 적용할 수 있는 건 아니었다.

> 💡 **자카르타 프로젝트**
>
> 자바를 위한 오픈소스 소프트웨어를 만들고 정리하는 프로젝트로 지금도 활발하게 운영되고 있다. 자카르타 프로젝트에서 진행하는 유명한 오픈소스 중 하나가 바로 톰캣 서버다. 또한 서블릿, JPA 등 웹 개발에 사용되는 스펙의 관리 주체가 오라클에서 이클립스 재단으로 이전되었다.

또 다른 문제도 있었다. 뜬금없이 중간 관리자 역할을 맡게 되었다. 이때의 관리자는 개발에 참여하지 않았다. 관리자가 된 선배를 보니 개발 경력이 7~8년도 안 된 상태에서 일정 관리를 하고, 많은 회의에 참석하느라 개발에서 아예 손을 떼고 있었다. 관리자가 되면 이런 식으로 점점 기능 구현을 하는 역할에서 멀어져 갔다. 개발을 시작한 지 얼마 안 된 나는 관리자 역할을 하고 싶지 않았다. 적어도 어릴 때는 개발만 하고 싶었고 전반적인 프로젝트 관리는 최대한 경력을 쌓은 뒤에 해야 한다고 생각했다. 다행히 얼마 지나지 않아 중간 관리자 지정은 흐지부지 취소되었고 나는 계속 개발할 수 있었다.

개발이란

사회 초년생일 때는 구현 기술을 사용해서 코드를 작성하는 것이 개발이라고 생각했다. 이 외에 다른 활동은 개발이라 여기지 않았다. 그만큼 개발을 좁게만 바라봤다. 경험이 쌓이면서 개발에 포함되는 영역이 코딩 이상이라는 사실을 알게 되었다. 코딩뿐만 아니라 많은 활동이 개발 범주에 속한다는 것을 깨달은 것이다.

나는 서비스 기업으로 불리는 곳을 주로 다녔다. 서비스 기업에서의 개발은 사용자에게 기능을 제공하는 일이었다. 사용자에게 도움을 주거나 사용자가 원하는 또는 사용자가 느끼기에 매력적인 기능을 만드는 활동이 개발이었다. 서비스 기업이 아니어도 내가 만든 결과물을 사용하는 고객이 있었다. 고객의 요구를 파악하고 원하는 것을 충족하는 기능을 만드는 게 개발이었다. 개발은 단순히 경력을 쌓거나 관심 있는 기술을 사용하기 위한 과정이 아니었다. 어떤 기술을 사용하기 위해 또는 특정 개인의 이력 관리를 위해 시작한 프로젝트나 서비스는 겉으로는 그럴듯해보여도 실제로는 별다른 결과 없이 사라지곤 했다.

선배님, 전 개발만 하고 싶어요.

코딩만 개발이라고 생각한다면 좋은 개발자가 되고자 하는 꿈은 포기해. 포기하면 편해. 하지만 마지막까지 희망을 버려선 안 돼! 구현 기술만 잘 다룬다고 개발을 잘하는 게 아니야.

▶ 개발만 하고 싶어요.

개발은 회사와 나에게 돈을 벌어주는 기능을 만드는 과정이기도 했다. 직간접적으로 내가 만든 결과물은 회사의 수익에 영향을 주었고 투자와도 연결이 됐다. 내가 만든 어떤 서비스를 경험한 고객의 반응이 좋으면 수익과 투자가 늘어났다. 이런 결과는 서비스와 회사의 지속 가능성을 높인다. 당연한 말이지만 망할 것 같은 회사에 다니기보다 지속 가능성이 높은 회사에 다녀야 안정적으로 경력을 쌓을 수 있다. 회사 규모가 작을수록 개발 결과물이 회사가 생존하는 데 큰 영향을 주었다. 앞서 언급했던 서비스 출시 실패 사례는 규모가 크지 않던 벤처 기업(지금으로 치면 스타트업)에서 경험한 것이다. 이곳에서는 제대로 된 결과물을 만드는 데 실패할 때가 많았고, 결국 이런 잦은 실패는 회사의 지속 가능성을 떨어뜨렸다.

이렇듯 개발은 단순히 코드를 작성하거나 특정 구현 기술을 사용하는 것 이상을 의미한다. 코딩과 구현 기술은 개발의 일부이지 개발의 전부는 아니다. 나는 사회 초년생일 때 이 부분을 잘 몰라서 제대로 개발하지 못했다. 가끔 새로운 기술을 사용하기도 했지만, 좋은 결과로 연결되지 않고 단지 새로운 기술을 써봤다는 데 그칠 때가 많았다. 오히려 새로운 기술을 적용해서 유지보수를 어렵게 만들기도 했다.

회사 업무를 하면서 성장한다는 느낌을 받지 못한 이유 중 하나는 개발과 성장을 동일시했기 때문이다. 코드를 작성하고 새로운 기술을 써야 개발 능력이 향상된다고 여겼기 때문에 어느 정도 익숙해진 회사의 개발 업무로는 더 이상 성장할 수 없다고 생각했다. 하루가 멀다 하고 새로운 도구가 쏟아져 나오는 시대에 자칫 현재 사용하는 기술에만 멈춰 있으면 뒤처진다고 생각했고 새로운 기술만 쫓게 되었다.

그나마 다행인 점은 좁게만 생각한 개발(다양한 구현 기술 사용)과 성장이 같지 않다는 사실을 빨리 깨우쳤다는 것이다. 어느 날 서점에 갔는데 스티브 맥코넬Steve McConnell이 쓴 『소프트웨어 프로젝트 생존 전략』(인사이트, 2003)이라는 책이 눈에 띄었다. 나는 이 책을 읽으면서 개발이 무엇인지를 다시 생각할 수 있게 되었다. 처음 이 책을 읽었을 때는 내용이 좀 어렵게 느껴져서 제대로 이해하지 못했지만 반복해서 읽다 보니 저자가 말하고자 하는 것을 점차 알 수 있었고 책에 나온 프로젝트 일정, 요구 사항, 위험 관리 등 여러 내용을 접하면서 내가 생각한 개발은 전체에서 아주 일부라는 사실을 비로소 깨달았다.

이 책을 시작으로 구현 기술뿐 아니라 프로젝트 관리, 설계, 아키텍처, 요구 사항 등 다양한 주제의 책을 찾아 읽었고 책에서 본 내용을 실무에 적용하면서 개발을 바라보는 시야가 넓어지게 되었다. 예전에는 미처 생각하지 못한 시각으로 개발을 바라보게 되면서 개발을 잘하려면 구현 기술 외에도 다양한 역량이 필요하다는 사실을 깨닫게 된 것이다.

📝 새로운 구현 기술 사용 != 성장

신입으로 채용한 직원이 면담을 요청한 적이 있다. 신입 직원은 자기도 신규 프로젝트에 참여해서 여러 기술을 써 보고 싶다고 말했다. 또 한 번은 6년 정도 개발 경험이 있는 직원이 퇴사 의사를 밝혀 면담하게 되었는데 퇴사 후 다른 곳으로 이직하려는 이유 중 하나가 새로운 기술을 사용해보고 싶어서라고 했다. 덧붙여 늘 같은 일을 하며 같은 기술만 쓰다 보니 스스로 정체되어 성장하지 못했다고 말했다.

2가지 사례는 각각 다른 회사에서 겪었던 일인데 2곳 모두 서비스 기업이었다. 서비스 기업에서는 업무 중 유지보수가 큰 비중을 차지한다. 다시 말해 이미 존재하는 코드에 새 코드를 추가하거나 수정하는 작업이 주를 이룬다. 그러다 보니 최신 기술을 적용하는 게 쉽지 않다. 잘 동작하는 시스템을 변경하는 것은 두려운 일이기 때문이다. 상황이 이렇다 보니 유지보수 업무나 기존 코드를 확장하는 일을 주로 하다 보면 새로운 기술을 접할 기회가 줄어들고 개발자로서 성장하지 못한다는 생각을 가질 수 있다.

하지만 언젠가 기회는 온다. 오래된 서비스라도 일부 또는 전체를 새로 만들어야 하는 상황이 발생한다. 이때를 노리면 된다. 또한 구현 기술 외적으로도 성장시켜야 할 역량이 많다. 그러니 어떤 구현 기술을 사용하고 싶다는 욕망에 너무 사로잡히지 말자.

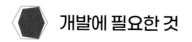 개발에 필요한 것

앞서 말했듯 개발은 코드 작성과 구현 기술 사용뿐 아니라 다양한 작업을 요구하기 때문에 좋은 개발을 하려면 여러 역량이 필요하다. 같은 맥락으로 주니어 개발자가 시니어 개발자로 성장하기 위해서는 다양한 역량을 익혀야 한다. 이 책에서는 다음과 같은 역량을 얘기할 것이다.

- 구현 기술
- 설계 역량
- 업무 관리와 요구 분석 · 공유 · 리드&팔로우

당연한 얘기지만 구현 기술은 개발하는 데 중요한 역량 중 하나로 이 책의 첫 번째 주제이기도 하다. 코드를 작성하지 못하면 동작하는 소프트웨어를 만들 수 없다. 개발자가 되고 나서 초창기 몇 년만 구현 기술을 학습하고 이후에는 새로운 구현 기술을 익히거나 알고 있는 기술을 발전시키고자 하는 노력을 등한시하는 개발자가 종종 있는데 이런 자세로는 당연히 좋은 시니어 개발자가 될 수 없다.

두 번째 주제인 설계 역시 중요하다. 서비스 경쟁력에 직결되기 때문이다. 시장이 변화하는 데 대응이 어려운 구조를 지니면 경쟁에서 도태될 가능성이 커진다. 그래서 상황에 맞게 설계할 수 있어야 한다. 그런데 구현 기술과 달리 설계에는 확실한 정답이 없다. 동일한 설계 구조도 상황에 따라 좋고 나쁨이 달라진다. 설계 역량을 키우기 위해서는 기본적으로 다양한 경험을 쌓아야 한다. 그만큼 단기간에 늘지 않는다.

경험을 쌓는 만큼 설계 역량도 향상되면 좋겠지만 아쉽게도 그런 일은 거의 생기지 않는다. 운이 좋으면 다른 사람이 잘 만들어 놓은 설계를 실무에서 경험할 수 있지만 어디까지나 특정 상황에 적합한 설계를 볼 수 있는 것에 불과하다. 상황이 달라지면 설계도 바뀌어야 한다. 즉 상황에 적합하다고 생각되는 여러 설계 방안을 추리고 가장 알맞은 설계 구조를 선택할 수 있어야 한다. 이렇게 하려면 여러 가지 설계 기법을 평소에 꾸준히 학습하고 익혀야 한다.

또한 개인적인 경험에 비춰보면 경력과 무관하게 많은 개발자가 업무 관리를 중요하지 않게 여기는 경향이 컸다. 업무 관리는 관리자만 하는 일이 아님에도 업무 관리 역량을 높이는 데 소홀한 개발자가 많다. 따라서 이와 관련된 내용을 책의 마지막 주제로 삼았다. 공유 그리고 리드&팔로우에 대한 내용도 함께 다룰 예정이다.

📑 물류 시스템 개발은 왜 망했을까?

앞서 출시도 못하고 실패한 물류 시스템 개발 경험을 얘기했다. 이 소프트웨어는 왜 출시조차 못 했을까? 지금 생각해보면 가장 큰 문제는 개발 리더 부재였다. 나와 J씨 둘 다 신입이었지만 오로지 2명만 개발에 참여했다. 우리는 정말 열심히 코딩했다. 하지만 제품을 만들기 위해 필요한 다른 활동에 소홀했다. 아니 정확하게 말하면 코딩 외에 어떤 일을 해야 하는지 몰랐다.

구현해야 할 기능은 복잡했다. 신입 개발자 2명이 기능 요구 사항을 분석한다는 것은 버거운 일이다. 요구 사항을 이해하기 위한 회의는 개발 초기 한두 번 진행한 것이 전부였고 그마저도 경력 개발자와 기획자는 참석하지도 않았다. 요구 사항 분석이라는 첫 단추부터 틀어진 것이다.

일정 관리도 엉망이었다. 얼마나 진척됐는지 아무도 알지 못했다. 둘이 알아서 하라는 식이었다. 관리자는 우리에게 "잘 되고 있지?"라고 묻는 게 다였고 그저 "네"라고 답할 뿐이었다. 그때는 실제로 잘 진행되고 있다고 생각했다. 하지만 착각이었다. 또한 기능 구현을 완성하기 위해 노력하기보다 샛길로 빠지기 일쑤였다. 이러니 프로젝트가 제대로 진행될 리 없었다. 우리 둘을 이끌어 줄 누군가가 있었다면 개발 과정이 엉망으로 진행되지는 않았을 것이다. 개발 리더의 부재는 컸다. 결국 제품은 출시하지 못했고 프로젝트는 끝나버렸다.

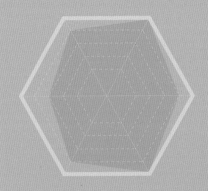

2장

구현 기술과 학습

- 구현 기술 · 학습 대상 · 학습 전략
- 구현 기술 적용하기
- 주의할 점

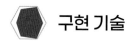 ## 구현 기술

구현 기술은 소프트웨어를 만드는 데 꼭 필요한 도구다. 개발자가 얼마나 구현 기술을 잘 활용하느냐에 따라 결과물이 달라진다. 뒤에서 다시 얘기하겠지만 당연하게도 개발자는 구현 기술을 능숙하게 다룰 줄 알아야 한다.

개발자가 익혀야 할 기술은 여러 가지가 있다. 가장 먼저 프로그래밍 언어가 있다. 나는 주로 자바Java 언어를 사용해서 서버 관련 기능을 개발했는데 자바스크립트JavaScript, 타입스크립트TypeScript, 코틀린Kotlin 등 다른 언어도 사용한 적이 있다. 만드는 소프트웨어가 대부분 관계형 데이터베이스RDBMS를 사용했기에 관계형 데이터베이스의 데이터를 관리하기 위한 SQL도 많이 사용하는 언어 중 하나였다. 보통 주력으로 사용하는 언어가 있지만 상황에 따라 비주얼 베이식Visual Basic, 파이썬Python 등도 사용했다. 즉 개발자가 익혀야 할 언어는 1~2개가 아니다.

그다음 프레임워크와 라이브러리도 배워야 한다. 프로그래밍 언어의 기본 기능만 사용해서 개발하는 경우는 거의 없다. 예를 들어 자바로 웹 서비스를 개발하면 스프링 부트Spring Boot, 하이버네이트Hibernate, 마이바티스MyBatis와 같은 기술을 사용한다. 자체적으로 API를 개발할 때 필요한 기능을 제공하는 고 언어Golang도 Gin과 같은 프레임워크를 사용해서 웹 서비스를 개발한다. 자바스크립트 라이브러리인 리액트React를 사용해서 웹 애플리케이션을 만들 때도 다양한 라이브러리를 함께 사용한다. 프레임워크와 라이브러리의 역할이 커짐에 따라 언어보다 더 많이 익혀야 하는 대상이기도 하다.

별도 프로그램을 익혀야 할 때도 있다. 대표적으로 데이터베이스를 들 수 있다. 웹 서비스를 개발하면 반드시 데이터베이스 연동 작업을 해야 한다. 데이터베이스로 MySQL을 사용하고 있다면 최대 커넥션 유지 시간, 개수, 계정 권한과 같은 주요 설정을 수정할 수 있어야 한다. 메시징 프로그램도 익혀야 한다. 비동기로 메시지를 주고받기 위해 카프카Kafka를 사용한다면 주요 구성 요소인 파티션, 레플리카, 프로듀서, 컨슈머의 동작을 이해하고 있어야 한다. 그래야 데이터 손실과 서비스 중단을 최소화할 수 있다.

클라우드 같은 플랫폼도 익혀야 할 기술이다. 대표적인 클라우드 플랫폼인 AWS의 네트워크 환경 설정은 물리적인 장비를 사용해서 인프라를 구축하는 것만큼 복잡하다. 프로그램을 개발할 때 필요한 클라우드 플랫폼 기능을 전부 다 숙지하기는 어렵겠지만, 만약 회사에서 AWS를 사용한다면 대표적인 서비스 요소와 기본적인 조작ㆍ설정 방법은 알아두는 게 좋다.

운영체제Operation System, OS도 익혀야 할 대상이다. 결국 우리가 만드는 소프트웨어는 운영체제 위에서 동작하기 때문이다. 클라우드가 제공하는 플랫폼 서비스의 사용 비중이 높아지면서 운영체제를 직접 다룰 일이 줄었지만, 종종 운영체제 기능을 사용해야 할 때가 생긴다. 예를 들어 부팅 시 자동으로 프로그램 시작하기, 권한 설정하기, 스케줄링하기, 운영체제 상태 보기 등 서비스를 운영할 때 필요한 설정이나 명령어는 알아둬야 한다.

개발자가 어떤 역할(또는 직군)을 하는지에 따라 선택해야 하는 기술이 달라진다. 자바를 주력으로 하는 백엔드 개발자라면 스프링, 마이바티스, JPA, 톰캣Tomcat과 같은 기술을 선택할 것이고 모바일 게임 개발자는 C#과 유니티Unity를 구현 기술로 선택할 수 있을 것이다. 물론 사용할 구현 기술은 자신이 속한 기술 조직의 방침이나 개인의 취향에 따라 달라지기도 한다. 예를 들어 스프링 부트를 사용하는 개발자 중에서 어떤 개발자는 템플릿 엔진으로 타임리프 Thymeleaf를 선택할 것이고 또 다른 개발자는 본인의 기호에 따라 프리마커Free-Marker를 템플릿 엔진으로 사용할 수도 있다.

▶ 역할에 따라 선택해야 하는 기술이 달라진다.

학습 대상

개발자가 익혀야 할 구현 기술이 너무 많다 보니 학습할 대상을 잘 선택해야 한다. 요즘 유행하는 기술이라고 해서 닥치는 대로 구현 기술을 학습하면 안 된다. 구현 기술을 학습하는 데에도 전략이 필요하다. 학습하려고 하는 구현 기술을 정할 때 다음 2가지 기준을 적용하면 좋다.

- 현재 사용 중인 기술
- 문제를 해결하기 위한 기술

현재 사용 중인 기술은 당연히 학습해야 한다. 지금 당장 잘 활용하는 것이 중요하기 때문이다. 예전에 D사에 다닐 때의 일이다. 전사에서 공통으로 사용할 서비스 개발에 참여한 적이 있다. 이 프로젝트는 스트럿츠Struts, 스프링Spring, 아이바티스iBatis, 벨로시티Velocity를 구현 기술로 사용했다. 스프링을 제외한 나머지 기술은 이전에 다뤄본 경험이 없었기 때문에 프로젝트 초기에 각 기술의 레퍼런스 문서와 관련 책을 읽어가며 개발했다.

현재 사용 중인 기술이 본인의 취향과 맞지 않더라도 코드를 이해하고 수정할 수 있을 정도의 지식은 있어야 한다. 예전에 기간계 프로그램의 권한 관리 기능을 재구현하는 프로젝트에 참여한 적이 있는데 이 프로젝트의 프런트 개발에 사용한 ○○플랫폼은 개인적으로 선호하지 않는 도구였다. 하지만 프로젝트를 제대로 진행하려면 ○○플랫폼 기술을 써야 했기 때문에 이미 존재하는 기존 코드와 공식 문서를 보면서 기술을 익혔다.

사용 중인 기술을 학습할 때는 처음부터 완벽하게 모든 것을 익히려고 하지 않아도 된다. 보통 기술의 일부 요소만 사용하므로 필요한 부분만 알고 있으면 일반적인 기능을 개발하는 데 문제없을 것이다. 예를 들어 스프링으로 개발된 API 서버가 있을 때 컨트롤러와 JSON 변환 처리, 데이터베이스 연동과 트랜잭션 처리 정도의 지식만 있다면 기존 코드를 분석하고 수정할 수 있다. 부족한 부분은 스프링 기초 서적을 보거나 핸즈온Hands-on과 검색을 병행하면서 채우면 된다. 스프링 프레임워크와 스프링 웹 MVC 레퍼런스 문서를 처음부터 끝까지 읽고 소스 코드를 분석해가며 학습할 수도 있지만 당장 실무에 적합한 내용을 찾는 데 시간이 너무 오래 걸릴지도 모른다.

그리고 문제 해결을 위해서도 구현 기술을 학습해야 한다. 우리가 맞닥뜨릴 수 있는 문제는 2가지 유형으로 나눌 수 있다. 첫 번째는 당장 해결해야 하는 문제이다. 예를 들어 트래픽이 급격히 증가해서 API 서버 응답 시간이 늘어나 서비스를 제대로 운영하기 힘든 상황이라고 가정해보자. 이 문제를 해결하기 위한 방법으로 캐시cache를 고려한다고 했을 때 레디스Redis나 카페인Caffeine 같은 구현 기술을 조사하고 적용하거나 읽기 전용 데이터베이스를 만들어 부하를 분산시켜야 한다. 당장 발생한 문제를 해결하는 데 필요한 기술이라면 빠르게 찾아서 기본 사용 방법을 익히고 적용해야 한다.

📋 액티브X 개발 경험

경력을 이어오는 동안 어떤 요구 사항을 해결하기 위해 새로운 기술을 익혀야 했던 적이 여러 번 있었다. 그중 가장 기억에 남는 경험은 액티브XActiveX 컴포넌트를 개발했던 일이다. 이때 개발하던 웹 애플리케이션의 주요 요구 사항 중 하나가 원하는 형식으로 문서를 출력하는 기능을 구현하는 것이었다. 요즘과 달리 그때의 웹 브라우저에는 원하는 형식으로 문서를 출력할 수 있는 마땅한 수단이 없었다. 이 문제를 해결하기 위해 액티브X라는 기술을 사용해야 했다.

액티브X 컴포넌트를 만들려면 비주얼 C++이나 비주얼 베이식 중 하나를 사용해야 했다. 경험 있는 기술은 자바, 서블릿, JSP가 전부였기에 때문에 빠르게 익힐 수 있는 개발 수단을 찾는 게 중요했다. 그래서 그나마 접근이 쉬운 비주얼 베이식을 선택했다. 검색 자료가 지금처럼 풍부하지 않을 때 서점에 가서 책을 사고, 마이크로소프트가 제공하는 온라인 문서를 보면서 기능을 개발했다.

이때 요구 사항대로 출력 기능 구현과 액티브X 컴포넌트를 생성하는 데 주안점을 두었다. 비주얼 베이식을 사용한 GUI 프로그래밍은 당장 필요한 내용이 아니기에 학습 대상에서 제외했다. 단지 고객이 요구했던 원하는 양식으로 문서를 출력하는 기능 구현에 집중했다. 액티브X 컴포넌트를 만들 때도 비슷했다. 일단 웹 브라우저에 설치하고 기능 구현에 필요한 정보를 찾아 빌드하는 데 초점을 맞췄다. 만약 이때 학습할 범위를 비주얼 베이식을 이용한 GUI 프로그래밍까지 넓혔다면 원하는 시점에 출력 기능을 만들지 못했을 것이다.

두 번째 유형은 가까운 미래에 해결해야 할 문제이다. 예를 들어 다음과 같은 상황에 부닥친 모놀리식 시스템이 있다고 가정하자.

- 여러 기능이 혼재되어 있고 여러 팀이 모놀리식 시스템 코드를 동시에 수정한다.
- 개발 중인 코드와 운영에 반영할 코드가 혼재되면서 운영에 적용되면 안 되는 코드가 배포된 적이 있다.
- 고객 이벤트 기능에 이상이 생기면서 간헐적으로 전체 시스템의 응답 시간이 일정하지 않다.
- 모놀리식 시스템이 커지면서 배포 시간이 점점 증가한다.

당장 서비스를 운영하는 데 큰 문제는 없다. 하지만 위험 신호가 관찰되고 있다. 이러한 위험 신호를 그대로 방치하면 머지않은 미래에 큰 장애가 발생할 가능성이 높다. 이렇게 가까운 미래에 해결해야 할 문제가 생겼을 때도 필요한 구현 기술을 학습해야 한다. 만약 앞의 상황을 서비스와 데이터베이스를 분리하는 방법으로 해결하고자 한다면 두 서비스 간의 연동 기술, 데이터의 일관성을 맞추기 위한 기술 등을 조사하고 학습해야 한다. 필요에 따라 PoCProof Of Concept로 선택한 구현 기술이 문제 해결에 적합한지 증명해야 한다.

💡 POC(Proof Of Concept, 개념 증명)

새로운 기술을 도입하기 전에 기술적 관점으로 실현 가능성, 효과와 효용 등을 검증하는 과정을 말한다.

무엇보다 문제를 해결하기 위한 기술을 선택할 때는 기술의 유명세에 휘둘리지 말아야 한다. 예를 들어 단지 유행하는 기술이라고 해서 분리할 서비스 간 통신을 구현하는 데 카프카를 사용하고, 쿠버네티스로 클러스터를 구축해서 서비스를 구동해서는 안 된다는 것이다. 자칫하면 서비스를 분리하고자 했던 목적과 다르게 새로운 기술만 적용한 상황이 된다. 유행하는 기술을 적용해서 복잡함은 증가했는데 문제의 본질은 해결하지 못한 것이다.

당장 해결해야 할 문제든 가까운 미래에 발생할 문제든 눈앞에 닥쳤을 때 즉시 알맞은 구현 기술을 찾는 건 쉽지 않다. 그래서 문제 해결 능력을 향상하기 위해 평소에 구현 기술을 탐색하고 학습해야 한다. 예를 들어 서비스 분리 요구가 생겼을 때 마이크로서비스 분리와 트랜잭션 처리에 대해 미리 학습한 적이 있다면 큰 어려움 없이 적합한 구현 기술을 선택할 수 있을 것이다.

기술 파기

구현 기술을 습득하기는 쉽다. 정확히 말하면 뒤에서 얘기할 설계나 업무 관리와 비교하면 개발에 필요한 여러 요소 중 구현 기술 학습은 상대적으로 쉬운 영역에 속한다고 생각한다. 요즘은 문서화가 잘 되어 있어 공식 문서나 레퍼런스 문서를 읽고 따라만 해도 빠르게 구현 기술 학습을 시작할 수 있다. 또한 챗 GPT 같은 LLMLarge Language Model의 발전과 스택오버플로Stack Overflow와 같은 커뮤니티 덕에 모르는 문제가 생겨도 조금만 노력하면 해결책을 찾을 수 있다.

구현 기술은 쓰다 보면 익숙해지기도 한다. 하지만 구현 기술 습득 과정 자체가 쉽다고 해도 기술의 모든 부분을 제대로 이해하고 다루기는 쉽지 않다. 학습해야 할 양이 많기 때문이다. 스프링을 예로 들어 보자. 스프링이 자바 기반 오픈소스 애플리케이션 프레임워크로 조금씩 입지를 다지기 시작했을 때 스프링 레퍼런스 문서의 양은 이미 수백 페이지가 넘었다. 스프링 프레임워크와 연동되는 기술을 포함하면 배워야 할 분량이 배로 증가한다.

게다가 기술이 발달할수록 익혀야 하는 기술 개수도 더 늘어난다. 내가 처음 개발 경력을 시작할 때만 해도 서블릿, JSP, 자바스크립트만 알면 어지간한 웹 애플리케이션을 개발할 수 있었다. 하지만 지금은 서버 개발을 하기 위해 스프링 부트, 마이바티스, 타임리프, JPA, 그레이들Gradle 등의 기술을 익혀야 한다. 프런트 개발까지 병행하게 되면 리액트 같은 자바스크립트 라이브러리도 학습해야 한다. 데이터베이스 또한 오라클이나 MySQL 같은 관계형 데이터베이스뿐 아니라 필요에 따라 레디스나 몽고DBMongoDB 같은 저장소도 알아야 한다.

개발자가 익혀야 할 기술이 많기 때문에 하나의 기술을 처음부터 끝까지 깊게 학습하는 것은 물론 여러 기술을 일정 수준만큼 빠르게 학습해야 하는 것은 쉬운 일이 아니다. 현실적으로 모든 기술을 깊이 학습하기는 어렵기 때문에 기술에 대한 이해 부족이나 사용 미숙으로 문제가 발생하기도 한다.

📋 기술 이해 부족으로 발생한 문제 1

D사에 다닐 때 일이다. 회사 근처 식당에서 점심을 먹고 있는데 서비스가 먹통이라는 연락을 받았다. 같이 식사하던 일행은 바로 사무실로 돌아갔다. 급하게 서버를 재시작했지만 증상은 나아지지 않았다.

로그를 보니 메모리 부족으로 Full GC_Garbage Collection가 계속 발생했다. GC 시간도 길었다. 문제 원인을 찾기 위해 힙 덤프_Heap Dump를 하고 어떤 객체가 메모리를 많이 차지하는지 분석했다. 범인은 템플릿 엔진에서 사용하는 객체였다. 템플릿 파일을 읽고 메모리에 적재되는 트리 관련 객체가 많이 생성되면서 메모리 부족 현상이 발생한 것이다.

누군가 템플릿 엔진의 캐시를 비활성화해서 요청마다 템플릿 처리를 위한 객체가 생성됐다. 이 서비스는 많은 트래픽을 처리했기 때문에 템플릿 관련 객체가 메모리에 빠르게 쌓였고, 이로 인해 메모리가 부족해지고 Full GC가 빈번하게 발생했으며 Full GC 시간도 순간적으로 늘어나 서비스가 먹통이 돼버린 것이다.

템플릿 엔진의 특징 중 하나인 캐시가 성능과 관련이 있다는 것을 알고 있었다면 이런 문제는 발생하지 않았을 것이다. 문제를 유발한 사람은 템플릿 파일을 만드는 데 필요한 지식은 알고 있었지만, 템플릿 엔진이 성능에 미치는 영향은 몰랐기 때문에 무관해 보이는 캐시 관련 설정을 삭제했고 이것이 성능 문제를 일으켰다.

다행히 캐시 설정을 활성화하는 간단한 방법으로 문제를 해결할 수 있었다. 이때의 경험으로 사용하는 구현 기술에 대한 이해가 중요하다는 것을 새삼 느꼈다.

💡 GC(가비지 컬렉션)

GC는 자바의 메모리 관리 방법의 하나로 개발자가 동적으로 할당한 메모리 영역 중 더 이상 쓰이지 않는 영역을 비우는 작업을 말한다. Full GC는 힙 메모리 전체 영역에서 발생하는 GC를 말한다.

익혀야 하는 기술은 많고 모든 기술을 깊게 파기는 어려운데 어떻게 하면 좋을까? 일단 처음 접하는 기술을 익힐 때는 핸즈온이나 동영상 강의 또는 튜토리얼 문서로 빠르게 감을 잡아야 한다. 핸즈온이나 튜토리얼 문서는 입문자가 처음 배우는 기술의 전반을 모르더라도 빠르게 그 기술의 동작을 경험하게 해준다. 하지만 단순히 핸즈온이나 온라인 강의를 따라 한다고 해서 온전히 내 것이 되지는 않는다. 어떤 기술을 잘 활용하려면 자연스럽게 손에 익을 정도로 일상 업무에서 자주 사용하거나 따로 연습해야 한다.

다양한 일상 업무 도구를 개발할 수 있는 수준까지 기술을 익혔다면 필요할 때마다 기술을 조금씩 더 깊게 학습한다. 예전에는 내가 사용하는 기술의 내부 동작 원리에 대해서도 미리 알아야 한다고 생각했지만 지금은 그렇지 않다. 스프링과 하이버네이트를 사용한다고 해서 내부 구현 방식까지 이해해야 실력 있는 개발자라고 생각하지 않는다. 어떤 기술을 깊게 이해해야 하는 순간이 있고 이때 시간을 더 들여 깊은 지식을 학습하고 연습하면 된다. 사실 알아야 할 기술이 많기에 내가 사용하는 모든 기술을 처음부터 깊게 알기란 현실적으로 어렵다.

예를 들어 스프링 컨트롤러 메서드의 파라미터로 특정 타입을 사용하고 싶다고 해보자. 이때 조금만 시간을 내서 검색하면 HandlerMethodArgument Resolver를 사용하면 된다는 것을 알 수 있다. 미리 알았다면 더 빨리 구현할 수도 있었겠지만 검색으로 방법을 알아내는 시간도 그리 길지는 않다. 여기서 중요한 게 있다. 바로 더 나은 방법을 찾으려고 노력해야 한다는 것이다. 방법을 잘 모르거나 구현하기 어려운 문제가 생겼을 때 해결하기 위한 더 나은 방법이 있는지 찾아봐야 한다. 그래야 기술을 더 잘 이해하고 활용할 수 있게 된다. 더 나은 방법을 찾지 않고 기존 방법만 답습하면 기술 역량을 높일 기회는 찾아오지 않는다.

▶ 네모난 바퀴: 더 나은 방법을 찾지 않고 기존 방법만 고수하면 기술 역량을 높일 수 없다.

📝 기술 이해 부족으로 발생한 문제 2

어느 날 동료 개발자가 찾아와 내게 도움을 요청했다. 스프링이 제공하는 @Transactional 애너테이션Annotation을 사용해서 트랜잭션을 처리하고 있는데 유독 한 코드만 롤백rollback 이 안 된다고 했다. 문제 코드를 봤는데 당연히 안 될 수밖에 없었다. 코드는 다음과 같은 형태를 띠었다.

```
public void someMethod() {
    …
    this.internalMethod();
    …
```

```
    }

@Transactional
private void internalMethod() {
    …
}
```

스프링에서 트랜잭션 범위를 지정할 때 사용하는 @Transactional 애너테이션은
internalMethod()에 붙어 있다. 이 코드를 만든 개발자는 트랜잭션 처리를 하기 위해서
는 @Transactional 애너테이션을 사용하면 된다는 것을 알고 있었지만 스프링 AOP와
프록시에 대한 이해는 부족했던 것 같다. 그래서 private 메서드인 internalMethod() 메
서드에 @Transactional 애너테이션을 적용했고 롤백이 되지 않는 문제가 발생한 것이다.

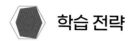 학습 전략

내가 그동안 웹 서비스를 개발하면서 사용했던 주요 기술을 [그림 2-1]처럼 정리했다. 왼쪽이 과거이고 오른쪽이 현재 쓰는 기술이다. 나는 자바를 주로 사용했기 때문에 자바와 프런트엔드 관련 기술 위주로 표시했다.

자바

코틀린

서블릿 / 네티 / 리액터

JSP

EJB / 스트럿츠 / 타임리프

스프링/스프링부트

아이바티스/마이바티스

하이버네이트/JPA

제이쿼리

DWR / 앵귤러 / 엠버 / 리액트

뷰JS

과거 ➤ 현재

그림 2-1 웹 서비스 개발에 사용한 기술의 변화

초반에는 서블릿 코드를 작성하거나 이를 확장한 프레임워크를 만들어 썼는데 스트럿츠와 스프링이 나오면서 서블릿을 직접 만들 일이 사라졌다. EJB는 규모 있는 프로젝트에서 모두 사용할 정도로 한 시대를 풍미했지만 어느 순간 사라졌다. 스트럿츠도 마찬가지다. 너도나도 스트럿츠를 사용할 만큼 인기를 끌었지만 스프링에 밀리면서 자취를 감췄다.

프런트엔드도 비슷하다. Ajax 연동을 편하게 해주는 DWR이라는 기술이 한 때 유행했지만 금세 시장에서 버림받았다. 제이쿼리jQuery는 오랜 기간 왕좌를

유지했는데 이제 다른 기술에 자리를 내주었다. 제이쿼리는 여전히 쓸모가 많지만 예전만큼의 영광은 누리지 못하고 있다. 앵귤러는 인기를 끌었으나 얼마 못 가 리액트에 따라잡혔고 현재는 리액트가 대세다. JSP는 오랜 시간 명맥을 유지해왔으나 프런트엔드와 백엔드 개발이 구분되는 추세에 따라 쓰임새가 줄기 시작했다. 백엔드 서버가 API를 제공하는 역할로 바뀌면서 JSP와 같은 뷰 기술의 필요성이 줄었기 때문이다. 게다가 스프링부트가 템플릿 엔진으로 JSP를 추천하지 않으면서 현재는 타임리프 같은 대체 기술을 사용하는 추세다.

여전히 많이 사용되는 기술도 있다. 지금까지 여러 언어가 탄생했지만 자바는 C 언어와 함께 여전히 주요 개발 언어로 쓰이고 있다. 스프링 프레임워크는 첫 출시 이후 지금까지 가장 인기 있는 자바 서버 개발 프레임워크다. 마이바티스와 JPA(하이버네이트)도 오랜 기간 데이터베이스 연동 기술로 사용되고 있다. 서버 역할을 하는 톰캣과 아파치Apache도 여전히 사용되고 있다. 내 경험으로만 한정해도 사용하던 기술 변화가 꽤 있었고 개발 업계 전체로 살펴보면 더 많은 기술이 등장하고 사라지는 과정이 반복됐다. 대체 기술은 계속해서 생겨난다. 리액트가 높은 시장 점유율을 차지하고 있는 와중에도 스벨트Svelte 같은 새로운 방식의 기술이 나오고 있으며 고 언어와 러스트Rust 같은 개발 언어도 꾸준히 등장해서 기존 언어를 위협하고 있다.

대체 기술이 나오면서 기존 기술이 한순간에 사라지기도 한다. 스프링이 나오면서 EJB나 스트럿츠는 버림받았다. 반짝인기를 끌고 금세 잊히는 기술도 있다. 그레일즈Grails는 잠깐 인기를 끌었지만 다른 프레임워크와 경쟁에서 살아남지 못했고 인기도 금세 사그라들었다. 이렇게 유행하는 기술의 흐름이 자주 바뀌다 보니 전략적으로 구현 기술을 학습할 필요가 있다. 일단 주력 기술을 집중적으로 학습해야 한다. 주력 기술이라 하면 당장 또는 가까운 미래에 경제적 이익을 얻는 데 필요한 기술을 말한다. 주력 기술은 아무래도 시장의 흐름 또는 상황과 연관되어 있다. 당연한 말이지만 시장 점유율이 높은 기술이 있다면 그 기술을 익혀야 유리하다. 즉 지금 대세인 기술을 익힐 필요가 있다. 현재 대세인 기술을 학습할 필요는 있지만 모든 대세 기술을 알 필요는 없다. 본인의 주된 업무가 API 서버 개발이라면 이 역할을 수행하는 데 필요한 기술을 집중적으로 익혀야 한다. 다른 기술은 그다음이다.

어떠한 기술에 흥미가 생겨서 열심히 학습할 수는 있다. 하지만 그 기술을 자신의 주력으로 삼을지는 유심히 고민해야 한다. 예를 들어 내가 이 글을 쓰는 시점에서 스벨트는 흥미로운 프런트엔드 기술이지만 주력 기술로 삼기에는 아직 리액트의 지위가 굳건하다. 개인 프로젝트에서는 스벨트를 사용해도 괜찮지만 회사 업무에는 여러 가지 이유(조직의 정책, 구인 문제 등)로 적용하기 어려울 수 있다.

여러 기술을 꾸준히 탐색할 필요도 있다. 지금 당장 사용하지 않더라도 주기적으로 요즘 어떤 기술이 주목받고 있는지 조사하고 필요에 따라 핸즈온이나 별도 학습을 해서 빠르게 경험해봐야 한다. 한 번 실습해봤다고 해서 특정 기술을 제대로 구사하기는 힘들지만 미리 탐색하고 핸즈온을 해보면서 왜 주목받는지 이해하려 노력하면 언젠가 내가 그 기술을 적용하려 할 때 수월해질 것이다. 또한 이러한 노력으로 개발자로서 미래 경쟁력을 유지할 수 있다.

스터디 참여는 기술을 탐색하는 좋은 방법의 하나다. 나는 카프카, 스파크Spark, 도커Docker, 쿠버네티스Kubernetes, 코틀린, 고 언어 같은 기술을 탐색하기 위해 스터디를 활용했다. 업무에 바로 적용하지는 못했지만 각 기술의 특징 정도는 알 수 있었고 연습 프로젝트를 진행하면서 어떤 식으로 사용하면 되는지 감을 잡을 수 있었다. 이후에 코틀린과 도커를 실무에 적용했는데 미리 탐색하고 학습한 덕분에 수월하게 구현 기술로 선택할 수 있었다.

기술을 탐색하는 또 다른 방법은 뉴스레터와 블로그를 구독해서 관련 소식을 꾸준히 접하는 것이다. 주력 분야, 관심 있는 분야, 일반 IT 주제에 대한 뉴스레터를 구독해보자. 매주 여러 소식을 알려주므로 제목만 봐도 최근 기술 트렌드를 이해하는 데 많은 도움이 된다. 흥미로운 주제가 있다면 관련 자료를 찾아보면서 이해의 폭을 넓히자. 그리고 기술 트렌드에 민감하게 반응하는 인물의 SNS를 찾아 팔로우하는 것도 기술 탐색을 하는 좋은 방법 중 하나다.

『실용주의 프로그래머』(2022, 인사이트) 책에 나온 팁 중 하나가 "지식 포트폴리오에 주기적으로 투자하라"이다. 좋은 시니어 개발자가 되고 싶다면 구현 기술을 주기적으로 탐색하고 학습해야 한다. 구현 기술 학습에는 끝이 없다. 계속해서 새로운 기술을 익혀야 함을 잊지 말자.

과거에 머물지 말고 과감하게 포기하기

스프링이 프레임워크 경쟁에서 우위를 보이기 시작할 때 웹워크라는 것도 있었다. 웹워크는 스트럿츠2라는 이름으로 이어졌는데 웹워크를 선호했던 개발자 중 일부는 스트럿츠2로 신규 개발을 진행하곤 했다. 하지만 스프링이 이미 대세가 된 상태에서 스트럿츠2를 사용하는 것은 스스로 시장 흐름을 따라가지 못하고 기술적으로 고립을 자초하는 일이었다. 과감하게 웹워크 · 스트럿츠2를 버리고 스프링으로 넘어갔어야 했다.

물론 많은 시간을 들여 익힌 구현 기술을 포기하는 건 쉽지 않다. 하지만 시장에서 선택받지 못한다면 기술을 포기하는 과감함도 필요하다. 나만 해도 오랜 기간 JSP 책을 써 온 만큼 JSP에 대한 애착이 크지만, 신규 프로젝트에서는 더 이상 JSP를 사용하지 않는다. 대신 타임리프와 같은 다른 템플릿 엔진을 사용하고 있다.

유행에 상관없는 구현 기술

예전 직장에서 대형 사고가 난 적이 있다. 본인 계정으로만 볼 수 있는 문서가 다른 사용자 계정에서도 보이는 문제가 무작위로 발생한 것이다. 이 기능은 핵심 서비스 중 하나였기에 회사에 비상이 걸렸다. 언론에도 나올 만큼 사회적으로도 파장이 컸는데 사고 원인은 사용자 아이디를 처리하는 과정에서 비롯된 것이었다. 문제가 발생한 지점은 다중 스레드 환경에서 실행되는 코드였다. 코드를 살펴보니 문서를 조회하려는 사용자 아이디를 받아 필드에 저장하고, 다른 메서드가 그 필드에 담긴 값을 사용자 아이디로 사용하고 있었다. 여러 스레드가 같은 필드를 사용하다 보니 사용자 요청을 처리하는 스레드에서 설정한 사용자 아이디가 다른 스레드에 의해 변경된 것이다. 이에 따라 내 문서가 아닌 다른 사용자의 문서가 표시되는 오류가 발생했다.

비슷한 다른 사례도 있다. 입사한 지 얼마 안 된 회사에서는 결제 시스템에 문제가 발생해서 해결해야 했다. 대부분의 결제 건은 정상적으로 처리되는데 간헐적으로 A 사용자가 결제한 내역이 B 사용자에 반영되거나 아예 결제 내역이 사라지는 문제가 생긴 것이다. 간헐적으로 생기는 문제였지만 돈과 관련된 오류라 강력한 민원이 잇따라 들어왔고 고객 응대를 하는 서비스 팀의 불만도 커졌다. 원인은 앞서 봤던 사례와 같다. 결제를 진행 중인 고객 아이디를 필드에 저장했고 결제를 처리하는 두 스레드가 동시에 같은 필드에 접근하면서 오류가 발생한 것이다.

두 사례는 동시성 처리 기초 지식이 얼마나 중요한지를 보여준다. 동시성 처리뿐 아니라 다양한 영역의 기초 지식이 필요하다. 예를 들어 API 호출 클라이언트를 개발할 때에는 네트워크는 불안정하다는 것을 알고 있어야 한다. 항상 네트워크 연결이 잘 되는 것은 아니다. 응답도 제시간에 도착하지 않기 때문에 상황에 맞게 타임아웃 설정 같은 적절한 대응을 해야 한다. SQL 쿼리를 작성한다면 데이터 규모나 접근 패턴을 고려해서 인덱스를 설계해야 한다.

> 📝 **분산 컴퓨팅에 대한 8가지 오해**
>
> 분산 컴퓨팅에 대한 오해 8가지를 영상으로 정리했으니 참고하자.
>
> ▶ https://youtu.be/lh8u2Wr5zkw

유행하는 기술만 좇다 보면 이런 기초 지식을 놓치기 쉽다. 지금 유행하고 있거나 미래에 유망할 것으로 기대되는 구현 기술의 학습은 당연히 중요하다. 하지만 앞의 동시성 처리 문제 사례처럼 기본이 되는 지식도 중요하다. 주니어 개발자라면 유행과 상관없는 지식을 1년에 1개 이상 학습하자. HTTP 프로토콜, 네트워크 프로그래밍 기초, 동시성 처리, 프로그래밍 언어 등 유행에 상관없이 개발의 기초가 되는 중요한 내용이 많다. 이러한 기초 지식을 꾸준히 학습해야 기본기가 튼튼한 개발자로 성장할 수 있다.

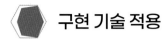 # 구현 기술 적용

공부한 구현 기술을 업무에 적용하는 것은 즐거운 일이다. 더욱이 새로운 기술을 적용해서 기대 이상의 결과를 얻게 될 때의 쾌감은 이루 말할 수 없다. 내가 처음 코틀린을 접했을 때도 그랬다. 기대감이 컸다. 그리고 코틀린을 내 업무에 적용하다 보니 너무 재밌었다.

하지만 유지보수 시기에 접어들면서 흥미가 급격히 떨어졌다. 비슷한 코드를 반복해서 만들다 보니 어느새 코틀린 코드를 만지는 일이 지루해졌다. 게다가 스프링부트 버전과 코틀린 버전을 업데이트할 때 이전과 다르게 동작하는 것을 보면 짜증 나기도 했다. 머지않아 또 다른 새로운 기술을 알게 되었고 사용해보고 싶다는 생각이 들었다. 이렇게 새로운 기술은 흥미롭게 다가오지만 쉽게 지루해지기도 한다. IT 생태계에는 항상 새로운 기술이 탄생한다. 흥미롭게만 보이던 기술도 금세 예전 기술이 되어버린다.

또한 특정 기술을 잘못 적용하면 조직에 큰 부담을 줄 수 있다. 예전에 QA 직전 서비스 개발자가 퇴사해서 갑자기 업무를 이어받아 개발을 마무리했던 적이 있다. 이 서비스는 엠버JS_{Ember.js}와 노드JS_{Node.js}로 개발되고 있었는데 그 당시 회사에 엠버JS와 노드JS를 다뤄 본 개발자가 없었다. 상황이 이렇다 보니 사소한 수정을 하는 데도 긴 시간이 걸렸고 서비스 오픈 시기도 변경할 수밖에 없었다. 서비스를 운영하는 과정에서도 여러 부작용이 나타났다. 결국 몇 년 지나지 않아 리액트와 자바로 서비스를 재구현했다.

어떤 기술을 학습하면 당장 쓰고 싶다는 마음이 생기기 마련이다. 하지만 상황과 조건에 맞게 사용해야 한다. 그렇지 않으면 앞에서 언급한 것처럼 모두에게 부담이 생길 수 있다. 따라서 어떤 기술을 도입할 때는 보수적으로 고민하고 다음과 같은 내용을 신경 써야 한다.

- 신뢰 구축
- 함께 할 동료
- 타당성
- 점진적 적용
- 시장 상황

먼저 동료한테 신뢰받아야 한다. 간혹 입사하자마자 기존 시스템의 부족함을 지적하면서 새로운 기술을 도입해야 한다고 떼쓰는 개발자가 있다. 이러면 안 된다. 설사 본인이 기존 구성원보다 기술 지식이 많거나 개발 역량이 뛰어나더라도 신뢰 구축이 먼저다. 본인이 책임자라면 입사한 지 얼마 안 된 팀원이 제안한 새로운 기술을 선뜻 받아들일 수 있는가? 면접 때 팀원이 다뤄 본 기술이나 구현 경험을 대략 확인할 수 있겠지만 그것만 가지고 새로운 기술을 도입하기에는 무리가 따른다.

다른 구성원의 공감을 얻기 위해서는 자신의 역량을 증명해야 한다. 자기 업무도 제대로 처리하지 못한 상태에서 어떤 의견을 제시해봤자 그저 불만만 토로하는 사람처럼 보일 뿐이다. 먼저 기존 시스템을 이해하고 주어진 일을 제대로 수행해야 동료에게 신뢰를 얻을 수 있다. 신뢰가 쌓여야 내 주장에 힘이 실린다. 이 점을 잊지 말자.

어떤 조직에 들어가게 되면 동료와 리더는 처음부터 날 믿어주지 않는다. 오히려 오랜 시간 의심의 눈초리로 나를 볼 때도 있다. 내 경험에 따르면 동료에게 신뢰를 얻기까지 최소 3개월에서 1년 정도 걸렸다. 조직에 변화를 주고 싶다면 그만큼 인내도 필요하다. D사에서 팀을 옮겼을 때의 일이다. 그 팀에는 오래전부터 시스템을 개발하고 유지보수한 핵심 개발자 S가 있었다. 시니어 개발자였던 S는 개발 리더이기도 했다. 내가 제시한 주요 변경 사항이 시스템에 반영되기 위해서는 S의 검토와 승인이 필요했다. 처음 두 달 정도는 내가 제시한 의견이 잘 통과되지 않았다. S가 나를 신뢰하지 않았기 때문이다. 나는 기존 틀 안에서 맡겨진 일을 잘하기 위해 노력했고 6개월 정도 지나서야 비로소 내 의견이 받아들여지기 시작했다.

두 번째, 새로 적용하고자 하는 기술에 대해 함께 논의하고 공감대를 형성할 수 있는 동료가 꼭 필요하다. 혼자서는 아무것도 할 수 없다. 아니, 하면 안 된다. 혼자서 무언가를 바꾸려 하다 보면 결국 제품에 지친다. 한 명이 하는 주장보다 둘이 하는 주장에 힘이 더 실린다. 문제가 생겨도 둘이 함께 해결하는 것이 힘이 덜 든다. 내가 맞는다고 생각하는 의견에 같이 공감해 줄 동료가 없다면 내 제안은 그저 고집일 수도 있다. 변화는 언제나 힘든 과정이다. 처음에는 몇몇 동료만 변화를 받아들일지도 모른다. 그것도 매우 더디게 말이다. 그러니 1~2개월 내 승부를 보겠다는 마음은 버려야 한다. 계속해서 내가 제안한 변화에 수긍할 수 있도록 인내심을 갖고 소통해야 한다. 내 의견에 동조하지 않는 동료가 있다고 비난하거나 무시해서는 안 된다.

세 번째, 익숙하지 않은 기술을 적용해야 하는 이유가 타당해야 한다. 단순히 많은 사람의 입에 자주 오르내리는 기술이라 해서 냅다 선택해서는 안 된다. 너무 사용해보고 싶다는 마음도 새로운 기술 적용을 위한 이유가 될 수 없다. 구현 기술로 해결하고자 하는 문제가 분명해야 한다. 명확한 목적이 없다면 그저 빛 좋은 개살구일 뿐이다.

아쉽게도 타당한 이유 없이 구현 기술을 적용할 때가 많다. 스프링에 웹플럭스 Webflux가 추가됐을 때의 일이다. 비동기 시스템 개발이 유행처럼 번지던 시기였고 추세에 따라 스프링에 리액터Reactor와 웹플럭스가 추가됐다. 유행에 민감한 많은 개발자가 API 서버 구현 기술로 웹플럭스를 검토했다. 하지만 왜 도입하려고 하는지 이유를 물어보면 단지 웹플럭스가 성능이 좋다고 들어서라는 답을 들을 때가 많았다. 어떤 성능을 높이기 위해 도입하려 하는지 재차 물어보면 명확하게 대답해주는 사람이 별로 없었다. 이처럼 본인이 사용하고 싶다는 욕구를 숨기고 어떤 기술이 소개하는 장점만 내세워 이 기술을 도입해야 한다고 주장하는 모습을 많이 봤다. 조직이 처한 상황과 조건이 부합할 때 새로운 기술을 적용해야 그 기술의 장점이 빛을 발한다. 단순히 개인의 욕구 충족을 위해 구현 기술을 적용하려 한다면 새로운 기술 사용에 따른 비용과 시간 그리고 부담만 증가할 뿐이다.

📋 답이 아닌 질문 따라 하기

개발자이자 연사로 활동하는 제시카 커Jessika Kerr는 "답이 아닌 질문을 따라 하라(Copy the question, not the answer)"는 말로 답이 아닌 질문의 중요성을 표현했다. 예를 들어 보자. 음악 스트리밍 서비스로 유명한 스포티파이는 스쿼드라는 팀 모델을 만들었다. 스포티파이의 성공으로 스쿼드 모델도 유명세를 치렀고 여러 스타트업에서 이 모델을 따라 했다. 하지만 스쿼드, 트라이브, 얼라이언스, 챕터, 길드 같은 스포티파이 모델의 외형적인 모습만 따라 했을 뿐 정작 스쿼드 모델로 이루고자 하는 목표는 따르지 않았다. 즉, 답만 따라 하고 그 답이 나오게 된 질문은 따라 하지 않은 것이다. 스쿼드가 만들어진 이유와 목적도 모른 체 외형만 따라 한 기업에서 당연히 스쿼드가 제대로 작동할 리 없었다.

구현 기술을 적용하는 상황에서도 마찬가지다. 유명한 기업에서 특정 기술을 도입하면 많은 기업이 따라서 그 기술을 도입하곤 한다. 하지만 유명한 기업이 도입한 기술이 우리 회사에는 적합하지 않을 수 있다. 먼저 왜 유명한 기업이 특정 기술을 도입했는지 이유를 찾아보고 우리 회사가 도입해야 하는 목적과 목표를 세워야 한다. 그래야만 우리 회사에 특정 구현 기술을 도입했을 때의 장점을 극대화할 수 있다.

네 번째, 현재 동작하고 있는 서비스나 시스템에 새 기술을 도입할 때는 점진적으로 적용해야 한다. 한 번에 다 바꾸겠다는 생각은 위험하다. 특별한 이유가 없는 한 중요하지 않은 기능과 시스템에 먼저 적용해서 안정성을 검증해야 한다. 비핵심 영역에서 먼저 검증한 뒤에 핵심 영역에 적용해도 늦지 않다. 함께할 동료도 있고 신뢰받고 있다 해서 한 번에 많은 기술을 도입하거나 서비스를 급격하게 변경하면 안 된다. 크게 일은 벌여놨는데 성과를 내지 못하면 그동안 쌓은 신뢰를 한순간에 잃게 된다. 대형 장애라도 발생하면 다시 변화를 시도할 기회조차 잃을 수도 있다. 하이버네이트 같은 ORM 도구를 도입하던 초기에 이런 일이 비일비재했다. ORM을 제대로 이해하지 못한 상태에서 ORM 도구를 사용하다 보니 성능 문제를 겪는 프로젝트가 많았다. 따라서 이런 상황이 벌어지지 않도록 충분히 구현 기술을 이해하고 점진적으로 적용해야 한다.

마지막으로 시장 상황을 고려해야 한다. 도입하려는 기술에 능숙한 인력을 원활히 채용할 수 있어야 한다. 그래야만 서비스를 지속할 수 있다. 예전에 한 콘퍼런스에서 스칼라Scala와 아카Akka 도입 경험 사례 발표를 들은 적이 있다. 이 발표를 들으면서 앞으로 유지보수하기 힘들겠다는 생각이 먼저 떠올랐다. 스칼라는 흥미로운 언어이고 아카도 비동기 처리를 위한 좋은 도구이지만 적어도 국내 시장에서는 스칼라와 아카를 경험한 개발자 숫자가 적기에 구인이 쉽지 않은 게 현실이다. 이런 사정을 감안하면 다른 기술도 고려했어야 한다고 생각한다.

함께 일하는 동료의 이력도 고려해야 한다. 이 글을 쓰는 시점에 크로스 플랫폼 모바일 앱을 개발한다고 했을 때 리액트 네이티브React Native나 플러터Flutter를 구현 기술로 사용해야 개인의 이력에 도움이 된다. 다른 크로스 플랫폼 기술은 채용 규모가 매우 작아 이력을 관리하는 데 큰 도움을 주지 못할 것이다. 시장 상황에 상관없이 특정 문제를 풀기 위해 과감히 어떤 기술을 선택해야 할 때도 있겠지만 흔한 상황은 아니다. 한 회사에 계속 다니면서 새로운 개발자가 입사할 때마다 특정 기술을 익힐 수 있도록 도울 수 있다면 과감하게 그 기술을 도입해도 된다. 물론 이렇게 할 수 있는 사람은 거의 없다. 회사의 대표 정도나 가능하지 않을까?

구현 기술과 직업윤리

스칼라와 아카를 사용했던 개발자는 두 기술을 다뤄본 경험을 발판 삼아 다른 회사로 이직했다. 그런데 남아 있는 인력 중 스칼라와 아카에 능숙한 개발자가 없어 시스템을 유지보수하는 데 애를 먹었다고 한다. 유지보수하는 데 어려움을 겪었다고 해서 스칼라와 아카를 도입하고 떠난 개발자 탓만 할 수는 없지만 아예 책임이 없다고도 할 수 없다.

이것은 일종의 직업윤리와 연결된다. 구현 기술을 선택할 때는 조직 상황도 함께 고려해야 한다. 조직의 구성원이 새로운 기술을 경험할 수 있도록 시간을 주고 참여시켜야 한다. 그래야 유지보수할 때 심각한 문제가 생기지 않는다.

 **주의할 점**

특정 기술을 사용해야 우월하다는 생각을 가진 개발자를 마주칠 때가 있다. 우월함을 느끼다 못해 다른 기술을 사용하면 무시하거나 경멸하는 모습을 볼 때도 있다. 하지만 특정 기술을 사용한다고 우월해지는 것은 아니다. 또 오래된 기술을 사용한다고 해서 열등하다고 할 수 없다. 구현 기술은 단지 구현 기술일 뿐이다. 구현 기술을 맹종하지 말자.

기술 적용 전략에는 유연함이 필요하다. 모든 문제에 하나의 기술을 사용하려고 하면 안 된다. 예를 들어 카프카를 사용한 비동기 연동의 장점을 경험했다고 해서 모든 비동기 연동에 카프카를 사용할 필요는 없다. 비동기 연동을 카프카로만 할 수 있는 것은 아니다. 카프카를 적용하면 복잡도가 증가하기 때문에 이점이 줄어들 수도 있다. 마이크로서비스 아키텍처도 비슷하다. 기능이 적고 사용자가 많지 않은데 기능을 잘게 나눠 별도 서비스로 분리하면 서비스를 분리했을 때 얻는 이점이 반감된다. 되려 시스템만 복잡해지고 운영이 힘들어질 수 있다.

영웅주의도 경계해야 한다. 면접을 하다 보면 모든 문제를 해결할 수 있는 개발자가 되고 싶다는 말을 들을 때가 있다. 영웅이 되고 싶은 마음도 누구에게나 있을 수 있지만 슈퍼히어로가 되는 것은 불가능에 가깝다. 아니 불가능하다. 세상에는 수많은 구현 기술이 존재하며 구현 범위도 다양하다. 넘쳐나는 기술을 어떻게 다 잘 다룰 수 있겠는가?

한 명의 개발자가 모든 것을 잘할 필요는 없다. 모든 기술을 능숙하게 다루겠다는 마음보다는 특정 기술을 잘 사용하자는 의지가 더 낫다. 물론 잘 다루고 싶은 구현 기술은 더 깊게 학습하고 연습하면서 구현 실력을 갈고닦아야 한다. 불나방처럼 이 기술 저 기술 다 잘하겠다고 덤비면 안 된다. 미래 경쟁력을 위한 기술을 탐색하면서 필요할 때 더 깊게 학습하면 된다. 게다가 잠깐 사용한 기술은 시간이 지나면 금세 잊히기 마련이다. 과거에 경험했어도 오랜 기간 사용하지 않으면 더 이상 내가 보유한 기술이 아니다. 앞서 비주얼 베이식을 사용한 경험을 얘기했는데 지금은 머릿속에 하나도 남아 있지 않다. 실제 업무에서 사용했던 기술도 이런데 학습만 하고 끝난 기술이야 두말할 필요도 없다. 그러니 단순 호기심이나 재미로 구현 기술을 적용할 때는 심사숙고해야 한다.

마지막으로 잘해야 하는 게 구현 기술만은 아니라는 점을 말하고 싶다. 흔히 개발만 하고 싶다고 말하는 개발자를 보면 개발을 코딩과 같은 구현에 한정 짓곤 하는데 개발의 영역은 훨씬 넓다. 앞으로 구현 기술 외에 필요한 개발 역량에 관해 이야기할 것이다. 이 책으로 구현 기술 말고도 개발자로서 키워야 할 역량이 많다는 것을 깨닫고 다양한 지식을 쌓기 위해 노력했으면 좋겠다.

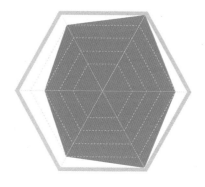

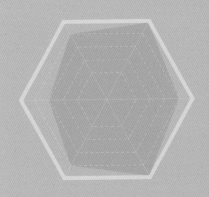

3장

소프트웨어 가치와 비용

● 소프트웨어 가치

● 개발 비용

● 유지보수 비용을 낮추려면

소프트웨어 가치

소프트웨어를 출시하려면 큰 노력이 든다. 사용자 요구를 분석한 뒤 기능을 설계 · 구현하고 마지막 테스트까지 진행해야 한다. 또한 이런 개발 과정에 많은 사람이 참여한다. 개발 기간도 꽤 길다. 짧게는 수개월에서 길게는 1년 이상 개발하면서 소프트웨어를 세상에 출시한다. 제품을 출시하고 나면 마침내 뭔가를 이룬 것 같지만 이걸로 끝이 아니다. 이제부터 시작이다.

소프트웨어를 출시하면 사용자에게 반응이 오기 시작한다. 좋든 나쁘든 사용자 반응에 따라 기능 추가와 수정이 반복된다. 사용자 반응이 없으면 반응을 얻기 위해 기능을 추가하고 변경한다. 경쟁자도 존재한다. 우리가 만든 제품이 세상에 처음 공개된 서비스라도 경쟁 제품이 곧 등장할 수 있고 반대로 우리 제품이 후발 주자일 수도 있다. 서비스를 지속하려면 경쟁자의 변화를 예의 주시하면서 뒤처지지 않기 위해 노력해야 한다. 다시 말하지만 소프트웨어 출시가 끝이 아니다. 경쟁자 때문이든 고객 반응 때문이든 간에 계속해서 기능을 추가하고 수정해야 한다. 즉 소프트웨어를 유지보수해야 한다.

소프트웨어 유지보수에 대해 제시카 커는 다음과 같이 말했다.

소프트웨어 유지보수는 이전과 동일한 동작을 유지하는 것이 아니다.
변화하는 세상에서 유용함을 유지하는 것이다.

제시카 커의 말대로 소프트웨어는 항상 동일하게 동작하기 위해 존재하는 것이 아니다. 세상이 변해도 소프트웨어는 쓸모 있어야 한다. 그러기 위해 소프

트웨어를 유지보수한다. 바뀐 세상에서 더 이상 유용하지 않은 소프트웨어는 사용할 이유가 없으므로 사용자를 잃는다. 당연하게도 사용자가 없는 소프트웨어는 가치가 떨어지고 곧 사라지고 만다. 소프트웨어 가치를 유지하려면 사용자를 붙잡아야 하는데 그러기 위해서는 세상의 변화에 맞춰 소프트웨어도 함께 변해야만 한다.

📋 첫 회사의 기억

내가 처음으로 다녔던 회사는 온라인 B2B 거래 플랫폼 서비스를 운영했다. 한국을 포함 중국, 일본, 미국 등 여러 국가의 기업이 제품을 홍보하거나 문의할 수 있는 공간을 제공했다. 얼마 안 된 신생 기업이었지만 직원 수가 30명이 넘을 만큼 성장 가능성도 높았다. 중국 기업인 알리바바가 경쟁사일 정도였다(알리익스프레스로 유명한 그 알리바바다).

회원도 지속해서 증가했고 회사 분위기도 좋았다. 한국은 수출 주도형 국가이기에 정부 조직에서 관련 사업을 만들어 지원해주기도 했다. 그런데 언젠가부터 회사가 플랫폼이 아닌 다른 곳에 눈을 돌리기 시작했다. SI 프로젝트에 참여하거나 홈쇼핑 조직을 만드는 식으로 말이다. 이때부터 조직 역량이 분산되기 시작했다. 플랫폼에 집중해도 모자랄 판에 개발 인력을 이런저런 사업에 투입하는 선택을 한 것이다.

한눈파는 사이에 플랫폼은 성장을 멈췄다. 경쟁자가 진화할 때 우리는 정체됐다. 플랫폼은 경쟁력을 잃었고 더 이상 고객에게 유용함을 제공하지 못했다. 하나둘씩 고객이 발길을 돌렸고 결국 회사는 사라졌다.

 # 개발 비용

소프트웨어가 지속해서 생존하려면 변해야 한다. 기능을 개선하고 정리하며 추가해야 한다. 그런데 소프트웨어를 변경한다는 게 그리 쉬운 일은 아니다. 서비스를 시작한 지 오래됐거나 규모가 커질수록 소프트웨어 수정은 복잡하고 어려워진다. 개인적인 경험으로는 기존 코드를 수정하거나 확장하는 작업이 기능을 새로 만드는 작업보다 더 오래 걸렸다. 주변 개발자의 말을 들어봐도 다들 비슷한 생각을 하고 있었다. 이와 같은 맥락을 보여주는 연구 자료도 있다. [그림 3-1]을 보자. [그림 3-1]은 『클린 아키텍처』(인사이트, 2019)에서도 언급한 자료로 특정 제품의 출시 차수별 코드 비용을 보여준다.

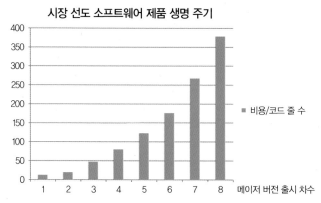

그림 3-1 출시 차수와 코드 개발 비용(출처: Codemanship)

[그림 3-1]에서 가로축은 메이저 버전 출시 차수를 세로축은 코드 줄당 소요 개발 비용을 나타낸다. 첫 번째 메이저 버전 출시 때는 코드 줄 당 개발 비용이 10 정도 들었고, 세 번째 메이저 버전 출시 때는 약 50 정도의 개발 비용이 들었다.

개발 비용

이 책에서 언급하는 개발 비용은 주로 개발자 인건비를 말한다. 개발 비용이 커졌다는 것은 투입한 인원이 늘었거나 개발 시간이 증가했음을 뜻한다.

[그림 3-1]에 따르면 메이저 버전 출시가 거듭될수록 줄 당 코드를 작성하는 비용이 증가하고 있다. 증가 폭도 상당하다. 세 번째 출시 때 50이었던 비용이 여덟 번째 출시 때는 380으로 무려 8배 가까이 증가했다.

제품의 코드 줄 수는 얼마나 증가했을까? [그림 3-2]는 같은 제품의 출시별 코드 크기를 보여준다.

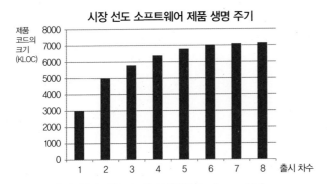

그림 3-2 출시 차수와 제품 코드의 크기(출처: Codemanship)

KLOC(Kilo Lines Of Code)

코드 줄 수를 의미하며 주로 개발하는 프로그램이 얼마나 큰지를 나타내는 지표로 사용된다.

[그림 3-2]를 보면 출시 차수가 거듭될수록 제품 크기의 증가 폭이 둔화하고 있음을 알 수 있다. 여섯 번째 출시 이후로는 거의 증가하지 않았다. 새로운 기

능 추가보다는 변경이 많았다는 것을 의미한다. [그림 3-1]과 [그림 3-2]를 같이 분석해보면 새로운 기능 추가가 적었음에도 코드 수정 비용은 몇 배 이상 증가한 것을 볼 수 있다. 개발이 지속될수록 개발 생산성이 떨어진 것이다.

세상의 변화에 맞춰 소프트웨어도 함께 변해야 가치를 유지할 수 있는데 변경 비용이 많이 들면 소프트웨어를 변경하기 어렵다. 소프트웨어를 바꾸지 못하니 소프트웨어 가치를 유지하기도 어려워진다. 이렇게 시간이 흐를수록 개발 비용이 증가하는 문제를 많은 기업이 겪고 있다. 그동안 다녔던 모든 회사가 이와 비슷한 문제를 가지고 있었다.

비용 증가는 결국 개발 시간으로 연결된다. 같은 기능을 만들어도 초반에 만들 때보다 뒤로 갈수록 시간이 더 걸린다. 제품 경쟁력을 갖추려면 사용자를 만족시키는 기능을 빨리 내놓아야 하는데 개발 시간이 증가하니 경쟁력이 떨어진다. 일단 서비스가 출시되면 서비스 유지보수에 계속 비용이 들어간다. 서비스가 바로 망하지 않는 이상 처음 개발했던 비용보다 운영 비용이 더 클 수밖에 없다. D사에서 커뮤니티 서비스를 운영하는 팀에 소속된 적이 있다. 그 당시 커뮤니티는 출시한 지 8년 된 서비스였다. 지금도 서비스 중이니 20년 넘게 운영을 지속하고 있다. D사에 재직 당시 커뮤니티 서비스를 담당한 개발자는 15명 정도였다. 현재까지 20년 넘게 서비스가 운영되고 있으니 최초 개발 비용과 비교하면 유지보수에 들어간 비용이 족히 백 배 이상 된다.

개발자는 흔히 "기존 코드를 바꾸는 것보다 다시 만드는 게 더 빨라요"란 말을 한다. 기획자 같은 다른 직군이 보기에는 간단한 변경인데 개발자가 이런 말을 하면 납득이 안 될 수도 있다. 다른 지인 개발자한테 진짜 어려운 일인지 물어보는 기획자도 있다. 나도 기획자인 지인에게 비슷한 연락을 받은 적이 있을 정도다.

▶ 레거시 코드를 변경하는 것보다 새로 개발하는 게 빠르기도 하다.

하지만 개발자가 이렇게 말하는 이유는 유지보수 비용과 관련이 있다. 앞서 봤
듯이 간단해 보이는 기능조차도 초기에 만들 때보다 나중에 만들 때 개발 시간
이 몇 배에서 수십 배 이상 소요되기 때문이다. 심지어 구현할 수 있는지를 확
신할 수 없을 때도 있다. 그러다 보니 다시 만드는 게 더 빠르다고 말하는 것이
다. 유지보수를 하는 데 비용이 많이 들지만 그에 비해 얻는 이점은 비례하지
않는다. 오히려 비용만 많이 들고 이점은 줄어들기도 한다. 소프트웨어를 제때
변경하고 싶다면 유지보수 비용을 낮출 수 있는 방법을 찾아야 한다. 그래야
경쟁력을 높일 수 있다.

🗒 유지보수와 개발 실력

유지보수만 하다 보면 실력이 안 늘고 신규 프로젝트를 해야 실력이 향상된다고 생각하는 개발자를 만날 때가 있다. 하지만 나는 생각이 다르다. 앞에서 말했듯이 소프트웨어 가치는 세상에 맞춘 변화에 있는데 그 가치를 지속하기 위해 하는 활동이 바로 유지보수이기 때문이다. 유지보수를 제대로 하지 않으면 소프트웨어는 가치를 유지하는 데 어려움을 겪게 된다. 처음 소프트웨어를 출시하기 위한 개발도 중요하지만 출시한 소프트웨어의 가치를 유지하기 위한 유지보수도 중요하다.

또한 유지보수를 하면서 얻는 역량과 신규 프로젝트를 할 때 얻는 역량이 다르다고 본다. 신규 프로젝트를 진행할 때는 새로운 기술을 사용할 기회가 생긴다면 유지보수를 할 때는 소프트웨어 운영 과정에 필요한 역량을 쌓을 기회가 생긴다. 예를 들어 유지보수를 하다 보면 다양한 오류 상황을 만나게 되는데 이런 오류를 수정하면서 자신만의 문제 해결 노하우가 쌓인다. 또한 기존 코드를 변경하면서 유연한 구조와 코드 품질과 같은 요소를 고민하게 되는 계기가 되기도 한다. 이러한 과정을 거치다 보면 테스트 코드를 만드는 역량과 리팩터링 능력을 키울 수 있다.

신규 프로젝트만 하다 보면 유지보수의 중요성을 깨닫지 못할 수 있다. 좋은 코드와 좋은 설계라고 말하는 여러 원칙과 규칙, 패턴을 왜 사용해야 하는지 마음속에서 이해하지 못한다. 게다가 유지보수를 지루한 일로만 치부하는 개발자도 있다. 하지만 신규 프로젝트를 하면서 새로운 버전, 새로운 기술을 사용하는 경험은 쌓을 수 있지만 소프트웨어 가치를 유지하는 데 필요한 역량을 쌓을 기회는 얻기 힘들다. 그만큼 유지보수는 소프트웨어 가치 유지라는 중요한 역량을 쌓는 데 좋은 기회임을 잊지 말고 한낱 지루한 일로 여기며 무시하지 말자.

유지보수 비용을 낮추려면

S사에 다닐 때 인증·권한 관련 작업을 진행한 적이 있다. 인증을 전담하던 담당 개발자가 없어서 동작을 이해하기 위해 기존 코드를 분석해야 했다. 프런트 코드부터 서버 코드까지 인증과 보안 관련 코드를 읽고 데이터 흐름을 파악했다. 코드 분석 과정에서 수십 줄에 달하는 코드가 여러 곳에서 중복된 것을 발견했다. 어떤 코드는 거의 같은데 중간중간 1~2줄 정도만 조금씩 달랐다. 코드도 복잡하게 얽혀 있었다. 하나의 데이터를 여러 곳에서 수정하는 구조여서 변경에 따른 영향도를 찾기 위해 더 많은 코드를 뒤져야 했다.

한참을 분석한 다음에야 수정할 곳과 새로운 코드를 추가할 곳을 찾았다. 수정할 곳은 몇 줄에 불과했고 새 코드를 넣어야 할 위치는 네 곳뿐이었다. 변경 범위는 얼마 안 되었지만 코드를 읽고 영향도를 분석한 다음 변경할 위치를 찾는데 2일 정도 소요됐다. 실제 코드 작성 시간은 3일 정도 걸렸다.

▶ 버그를 수정하는 시간보다 버그 원인을 찾는 데 시간이 더 오래 걸리기도 한다.

버그를 수정할 때 원인을 찾는 시간이 더 오래 걸릴 때가 많다. 1시간 이상 코드를 분석했는데 실제 수정은 2분 만에 끝나는 식으로 말이다. 왜 이런 일이 벌어질까? 여러 다른 이유도 있겠지만 코드와 설계 품질이 코드 수정 시간에 많은 영향을 주기 때문이다.

품질이 개발 시간에 어떤 영향을 주는지를 소개한 〈The Business Impact of Code Quality〉 논문[1]이 있다. 이 논문에 따르면 코드 품질이 좋을 때보다 코드 품질이 나쁠 때 평균적으로 개발 시간이 1.2배 더 걸린다고 한다.

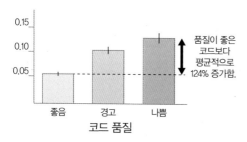

그림 3-3 코드 품질과 개발 시간의 관계 1(출처: The Business Impact of Code Quality)

또한 최대 개발 시간은 코드 품질에 따라 9배 가까이 차이 난다.

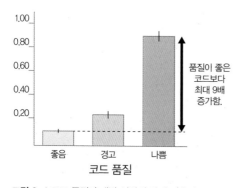

그림 3-4 코드 품질과 개발 시간의 관계 2(출처: The Business Impact of Code Quality)

1   https://arxiv.org/abs/2203.04374

코드 품질은 결함과도 연결된다. 품질이 좋은 코드에 비해 품질이 나쁜 코드는 결함이 15배 많다. 결함이 많으면 재작업도 많아지고 개발 비용이 증가한다.

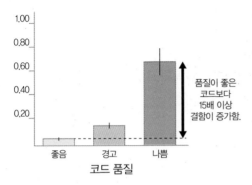

그림 3-5 코드 품질과 결함의 관계(출처: The Business Impact of Code Quality)

앞의 결과에서 알 수 있듯이 코드 품질은 유지보수 비용에 큰 영향을 준다. 이 러한 이유로 유지보수에 들어가는 개발 비용을 낮추려면 품질에 신경 써야 한 다. 사실 유명한 패러다임과 패턴, 프로세스, 아키텍처 등은 빠른 변화에 어떻 게 대응할지에 초점이 맞춰져 있다. 세상의 변화에 소프트웨어가 어떻게 변경 되는지에 따라 소프트웨어 가치가 달라진다는 점을 생각하면 당연하다.

유지보수 비용을 낮추려면 다양한 방법을 적용해야 한다. 먼저 프로그래밍 패 러다임을 알맞게 적용하는 방법이 있다. 객체 지향 프로그래밍과 함수형 프로 그래밍은 대표적인 프로그래밍 패러다임이다. 객체 지향 프로그래밍의 캡슐 화와 다형성을 활용하면 변경으로 인한 영향 범위가 줄기 때문에 수정을 최소 화할 수 있다. 그리고 함수형 프로그래밍의 참조 투명성을 활용하면 코드 동작 방식을 이해하기 쉽게 만들 수 있기 때문에 코드의 예측 가능성과 테스트 용이 성을 높일 수 있다. 이처럼 두 패러다임을 알맞게 사용하면 변경 비용을 줄일 수 있다.

코드, 설계, 아키텍처도 유지보수 비용을 낮추는 데 큰 영향을 준다. 코드 가독성을 높이고 전형적인 패턴 사용 그리고 요구에 알맞은 아키텍처를 적용한다면 유지보수 비용이 급격하게 증가하는 것을 방지할 수 있다. 프로세스와 문화도 개발 성과를 높이는 데 중요한 역할을 차지한다. 『ACCELERATE』(IT Revolution Press, 2018)에 따르면 지속적 전달_{Continuous Delivery}을 도입할 때 소프트웨어를 전달하는 성과가 높아지고 품질도 올라간다고 한다. 소프트웨어 전달 성과가 올라가면 버그 수정·패치같이 예정에 없던 작업이나 재작업 비율이 줄고 새 작업에 더 많은 시간을 투입할 수 있기 때문에 소프트웨어 가치를 높이는 데 집중할 수 있게 된다.

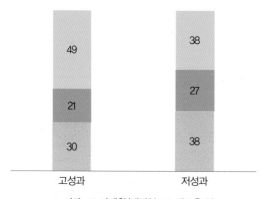

그림 3-6 고성과 조직이 저성과 조직보다 새 작업에 더 많은 시간을 투입한다.(출처: ACCELERATE)

시니어 개발자로 성장하기 위해서는 유지보수와 비용에 대해 고민해야 한다. 단순히 어떤 기술이나 아키텍처가 유행한다고 선택하면 안 된다. 선택에 따른 이로운 점과 불리한 점을 따져 우리가 만들고 있는 소프트웨어의 가치를 안정적으로 높일 수 있는 안을 선택해야 한다.

📋 잘 돌아가면 건들지 마!

이미 잘 동작하는 코드를 수정하는 것은 두려운 일이다. 코드를 수정했을 때 어디서 어떤 문제가 터질지 모르기 때문이다. 코드 품질이 나쁘면 나쁠수록 두려움은 더 커진다. 두려움이 크기에 과감하게 코드를 수정하지 못하고 편법을 쓰게 된다. 예를 들면 기존 코드를 수정하지 않고 그대로 복사해서 일부를 변경하는 식이다. 이런 식의 코드를 여러 곳에서 관찰했다. 한 번은 요금을 계산하는 코드를 본 적이 있다. 이 코드에는 거대한 if-else 블록이 있었는데 if 블록의 코드와 else 블록의 코드가 거의 같았다.

나중에 안 사실이지만 이 코드는 늘 else 블록만 실행됐다. If 조건문이 항상 false일 수밖에 없기 때문이었다. 속 사정은 이랬다. 원래는 if 블록 코드만 있었는데 조건에 따라 다르게 동작해야 하는 수정 요청이 들어왔다고 한다. 1000줄이 넘는 긴 코드였기에 코드 중간을 일부 수정하기가 부담스러웠다고 한다. 이런 부담을 줄이고자 코드를 복사한 뒤 수정하는 방식을 선택한 것이다. 그 결과 코드는 다음과 같은 구조를 띠었다.

```
if (새로운 요구 사항에 해당하는 조건이 아님) {
    기존 코드 (매우 김)
} else {
    기존 코드에서 아주 조금 바뀐 코드 (매우 김)
}
```

그런데 언제부터인지 if 조건이 항상 false가 되는 상황이 만들어졌다. 하지만 이 코드를 담당한 개발자는 이 사실을 몰랐다. 변경 요구가 들어오면 수천 줄에 해당하는 if-else 블록을 분석해야 했다. 게다가 if 블록과 else 블록은 거의 같았기에 두 코드의 차이를 알아내려면 정밀하게 비교하면서 코드를 봐야 했기 때문에 코드 분석에 드는 노력이 배 이상 들었다. 게다가 두 코드가 거의 같아서 두 곳을 같이 변경해야 했다. 시간이 한참 지나서야 if 블록이 실행되지 않는다는 사실을 알게 되었지만, if 블록은 그대로 유지했다. 혹시나 하는 불안감 때문이었다.

▶ 잘 돌아가면 건들지 마: 잘 돌아간다는 이유만으로 문제를 해결하지 않으면 나중에 큰 부담으로 돌아온다.

위험을 피하려 문제가 있던 코드를 건들지 않은 대가는 유지보수 비용을 배 이상 높이는 결과로 돌아왔다. 약간의 위험을 감수하더라도 if-else 블록을 만들지 말고 코드를 정리해야 했는데 그러지 못했고 두고두고 유지보수하는 데 큰 부담으로 작용했다. 잘 돌아가는 코드라 해도 세상에 맞춰 변화할 수 있도록 더 나은 코드, 더 나은 구조로 변경할 수 있는 용기가 우리에게 필요하다.

4장

코드 이해

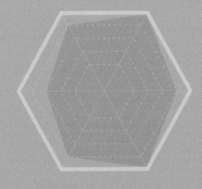

- 코드 이해 도구
- 이해하기 좋은 코드

# 코드 변경

새로운 기능을 추가하든 기존 기능을 수정하든 결국 변경이 이루어지는 곳은 코드다. 멋진 기획이나 디자인이 나와도 코드를 작성하지 않으면 없는 것과 마찬가지다. 코드는 중요한 산출물 중 하나라고 할 수 있다.

개발자가 코드를 변경할 때 다음 2단계 과정을 거친다.

1 코드 이해
2 코드 수정

코드를 변경하려면 먼저 코드를 이해해야 한다. 코드를 이해하고 있어야 수정할 위치를 찾을 수 있기 때문이다. 어제 만든 코드는 기억 속에 생생하게 남아 있어 바로 수정할 위치를 찾을 수 있지만, 몇 개월 전에 작성한 코드는 그렇지 않다. 코드를 읽고 나서 논리 구조를 파악하고 실행 흐름workflow에 따라 상태 변경을 추적해야 한다. 코드가 어떻게 동작하는지 머릿속에 어느 정도 그림이 그려질 때 비로소 코드를 변경할 범위가 정해진다.

개발자가 코드를 변경하기 위해 코드를 읽는 시간은 얼마나 될까? 조사마다 다르지만 일반적으로 코드를 이해하는 데 개발 시간의 60%를 쓴다고 한다[1]. 버그 수정과 같은 작업은 코드를 이해하는 데 90% 이상의 시간을 쏟기도 한다. 이처럼 코드를 작성하는 시간보다 코드를 이해하는 시간이 더 소요되기 때문에 기존 코드를 이해하는 작업은 유지보수하는 데 매우 중요하다. 개발 시간

---

1   〈Measuring Program Comprehension: A Large-Scale Field Study with Professionals〉(https:// ieeexplore.ieee.org/document/7997917)

을 줄이고 싶다면 코드를 작성하는 시간 못지않게 코드를 이해하는 시간을 줄여야 한다.

코드를 이해하는 시간을 줄이기 위해서는 2가지 역량이 요구된다. 첫 번째는 당연하게도 코드를 제대로 이해할 수 있는 역량이 필요하다. 코드를 이해하는 역량이 향상되면 코드를 분석하는 데 소요되는 시간을 줄일 수 있다. 또 다른 하나는 이해하기 쉬운 코드를 작성하는 역량이다. 품질이 낮은 스파게티 코드를 이해하기 위해서는 품질이 좋은 코드보다 40% 정도 더 많은 시간이 소요된다고 한다[2]. 그래서 이해하기 좋은 코드를 만들면 코드를 이해하는 데 들어가는 시간을 줄일 수 있으며 결과적으로 개발 시간도 줄어든다.

---

2 〈large scale empirical study of the impact of spaghetti code and blob anti-patterns on program comprehension.〉(https://arxiv.org/pdf/2009.02438.pdf)

코드 이해 도구

규모가 크지 않은 코드는 분석하는 데 긴 시간이 걸리지 않는다. 전체 길이가 수십 줄에 불과한 코드를 분석하기는 쉬운 일이다. 변수도 적고 데이터 변경이나 분기 처리도 많지 않기 때문이다. 반면에 코드가 수천 줄 이상 넘어가기 시작하면 분석하는 게 쉽지 않다. 코드가 커지면 많은 변수가 출현하고 데이터 변경도 복잡해지며 분기 처리도 많아진다. 탐색해야 할 코드 파일도 늘어나서 자연스럽게 분석 시간이 길어진다.

규모가 큰 코드를 분석할 때는 단순히 머리로만 이해하려 하면 금방 한계에 부딪힌다. 10줄의 코드를 분석하는 시간보다 100줄의 코드를 분석하는 시간이 몇 배 이상 더 걸린다. 코드 규모가 커지면 복잡도도 올라가기 때문에 각종 변수, 데이터, 코드 흐름 관계를 모두 머릿속에 담기 어렵다. 물론 천부적인 단기 기억력을 지닌 사람도 있겠지만 큰 규모의 코드를 머리로만 이해하려 하는 것은 매우 힘든 일이다.

복잡한 미로에서 탈출하려면 출구가 표시된 지도가 필요하듯이, 규모가 크고 복잡한 코드를 분석할 때도 지도와 같은 도구가 필요하다. 이러한 도구를 잘 활용하면 헤매지 않고 코드를 분석할 수 있다. 코드 분석에 도움이 되는 다양한 수단이 존재하는데 내가 주로 사용하는 것은 시각화, 코드 출력, 스크래치 리팩터링 등이다.

코드 시각화

코드를 분석하고 그 결과를 그림으로 그리면 수정할 위치나 수정 영향을 받는 범위를 찾을 때 큰 도움이 된다. 의미만 통하면 어떤 형식을 사용해도 되지만 나는 가급적 UML을 사용한다. 자신만의 표기법을 사용하면 다른 사람과의 의 사소통에서 서로 다르게 해석될 수 있지만 UML은 도형마다 정해진 의미가 있어서 서로 다르게 해석할 여지를 줄여준다.

> ### 💡 UML(Unified Modeling Language)
>
> 시각적으로 모델을 만들기 위한 표기법을 말한다. UML을 빠르게 익히고 싶은 독자는 아래 영상을 참고하길 바란다.
>
> ▶ https://youtu.be/HG0dwNnTsII
>
> UML 관련 책으로는 마틴 파울러Martin Fowler의 『UML DISTILLED 3판』(홍릉과학출판사, 2005)을 추천한다.

UML 다이어그램 중 액티비티 다이어그램은 코드의 실행 흐름을 이해하는 데 도움이 된다. [그림 4-1]은 실제로 코드를 분석하는 과정에서 그렸던 액티비티 다이어그램이다(실제로는 더 복잡하지만 단순화했다).

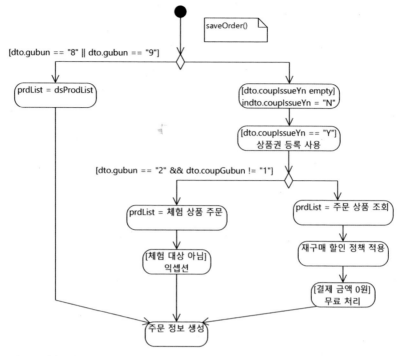

[dto.gubun == "8" || dto.gubun == "9"]

prdList = dsProdList

saveOrder()

[dto.couplssueYn empty]
indto.couplssueYn = "N"

[dto.couplssueYn == "Y"]
상품권 등록 사용

[dto.gubun == "2" && dto.coupGubun != "1"]

prdList = 체험 상품 주문

prdList = 주문 상품 조회

[체험 대상 아님]
익셉션

재구매 할인 정책 적용

[결제 금액 0원]
무료 처리

주문 정보 생성

그림 4-1 액티비티 다이어그램은 코드 실행 흐름을 이해하는 데 도움이 된다.

[그림 4-1]을 보면 dto.gubun 값이 8이나 9일 때의 동작과 dto.gubun 값이 2일 때 기능이 어떻게 흘러가는지 쉽게 볼 수 있다. 코드를 직접 보며 실행 흐름을 따라가려면 코드 편집기에서 계속 스크롤하면서 다른 소스 파일로 이동해야 하는데 액티비티 다이어그램으로 한눈에 전반적인 실행 흐름을 파악할 수 있다. 액티비티 다이어그램을 그릴 때, 코드 한 줄 한 줄마다 액션을 하나씩 그릴 필요는 없다. 코드 한 줄마다 액션을 하나씩 그리면 다이어그램만 복잡해지고 길어진다. 복잡한 코드를 쉽게 이해하기 위해 코드 시각화를 하는 것인데 시각화한 결과물이 복잡하면 애초 목적이 퇴색된다.

여러 코드가 하나의 목적으로 사용된다면 논리적인 단위로 묶어서 표시한다. [그림 4-1]에서 마지막 단계에 그려진 '주문 정보 생성'은 코드 수십 줄을 하나로 표현한 것이다. 실제 코드는 주문과 관련된 데이터를 생성하고 데이터베이스에 저장하는 코드인데 '주문 정보 생성'이라고 표시했다.

시퀀스 다이어그램은 런타임에 구성 요소가 어떻게 상호 작용하는지를 이해하는 데 도움을 준다. 객체 간 상호 작용뿐 아니라 프로세스 간 상호 작용도 시간 흐름에 따라 정리할 수 있어 유용하다.

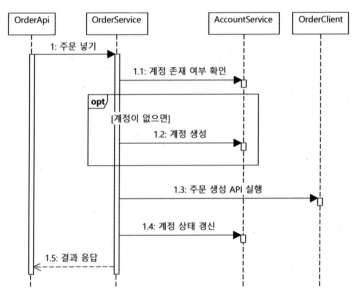

그림 4-2 시퀀스 다이어그램은 구성 요소 간 상호 작용을 이해하는 데 도움이 된다.

[그림 4-2]에서 시간은 위에서 아래로 흐른다. [그림 4-2]는 시간 흐름에 따라 구성 요소 간 연동 과정이 잘 드러나 있다. 이런 특징 때문에 문제 발생 시점이나 동시성 문제 원인을 찾을 때 시퀀스 다이어그램을 주로 사용한다.

클래스 다이어그램은 코드의 정적인 구조를 이해할 때 도움이 된다. 어떤 클래스가 존재하고 각 클래스가 서로 어떻게 연결되어 있는지 파악할 때 클래스 다이어그램을 사용한다.

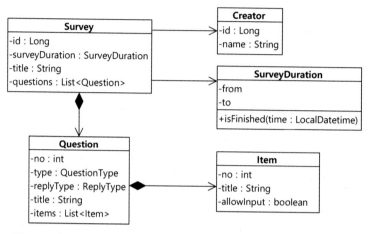

그림 4-3 클래스 다이어그램은 구성 요소 간 정적 구조를 이해하는 데 도움이 된다.

클래스 다이어그램은 도메인 모델을 분석할 때 유용하게 사용할 수 있다. 클래스가 몇 개 안 되더라도 다이어그램으로 정리된 구조를 보는 게 매번 클래스 코드를 탐색하는 것보다 효율적이고 기억하기도 쉽다.

나는 레거시 코드를 분석할 때 클래스 다이어그램을 잘 사용하지 못했다. 레거시 코드는 한 클래스에 많은 코드가 들어있고 클래스 구조는 단순할 때가 많다. 예를 들어 회원 가입, 회원 탈퇴, 회원 암호 변경과 같은 회원 관련 코드가 MemberController, MemberService, MemberDto, MemberDao 등 4개의 클래스에 전부 들어가 있다고 하자. 이것을 클래스 다이어그램으로 표현하면 구성 요소는 4개밖에 안 된다. 클래스 다이어그램으로 그린다 한들 구조를 분석하는 데 큰 도움이 되지 않는다.

업무 로직은 상태의 영향을 받는다. 같은 기능이라도 상태에 따라 다르게 동작한다. 예를 들어 주문 취소 기능은 주문이 결제 완료 상태인지 배송 완료 상태인지에 따라 다르게 동작한다. 상태 개수도 다양하다. 회원은 '승인 대기', '승인됨', '차단됨', '휴면' 등의 상태를 가질 수 있고 주문은 더 많은 상태를 가질 수 있다. 상태가 많고 상태를 변경하는 기능이 많아질수록 시스템은 복잡해진다.

보통 상태를 변경하는 로직은 여러 메서드나 클래스에 흩어져 있다. 회원 가입과 승인 처리 로직이 서로 다른 클래스에 구현되어 있거나 주문 취소와 환불 로직이 서로 다른 메서드에 구현되어 있는 식이다. 이렇게 상태와 상태 변경 로직은 여러 코드에 흩어져 있기 때문에 전체적인 상태 변화 로직을 이해하기 어렵다. 이럴 때 상태 다이어그램을 그리면 상태 변화를 이해하는 데 도움이 된다.

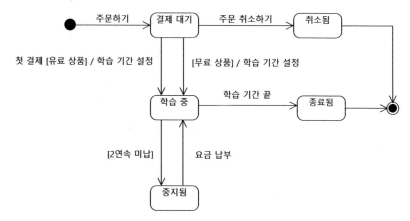

그림 4-4 상태 다이어그램은 모델의 상태 변화를 이해하는 데 도움이 된다.

구성 요소 간 데이터 흐름이 복잡한 레거시 코드를 분석할 때 데이터 간의 영향 관계를 그래프로 표시하면 파악하기 쉬워진다. 그래프 형식은 크게 상관없는데 다음과 같은 참고할 만한 2가지 그래프가 있다.

- 의존 그래프: 『프로그래머의 뇌』(제이펍, 2022)에서 소개
- 이펙트 스케치: 『레거시 코드 활용 전략』(에이콘출판사, 2018)에서 소개

그래프를 그리는 방법에는 차이가 있지만 두 그래프를 그리는 목적은 같다. 바로 의존 관계에 있는 코드를 시각적으로 표시해서 변경이 어디까지 영향을 주는지 파악하기 위한 것이다. 기존 코드를 변경할 때 그 여파가 어디까지 미칠지 모르는 것만큼 두려운 일은 없다. 하지만 데이터나 함수 간 의존 관계를 시각적으로 정리하면 두려움을 떨쳐 낼 수 있다.

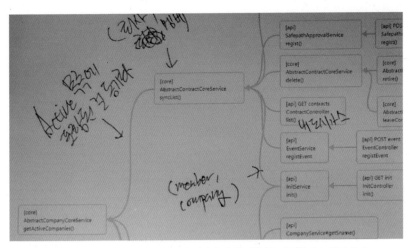

그림 4-5 영향 · 의존 관계를 그래프로 그리면 변경이 미치는 범위를 파악할 때 도움이 된다.

W사에서 근무할 때 서로 다른 부서에 속한 모바일 개발자, 서버 개발자, 기획자가 모여서 회의를 한 적이 있다. 모바일 앱과 서버가 어떻게 연결되는지, 플랫폼 서비스와 연동은 어떻게 되는지 등을 정리하기 위한 회의였다. 내용은 간단했지만 시간이 지날수록 각자 다른 소리를 하기 시작했다. 같은 용어를 사용했지만 서로 상상한 구조가 달랐다.

▶ 동상이몽: 같은 용어를 사용하더라도 각자 생각하는 모습이 다를 수 있다.

나는 대화가 제대로 되고 있지 않다는 것을 알아챘고 곧바로 화이트보드에 그림을 그리기 시작했다. 지금까지 언급된 요소를 그림으로 표시하고 각 요소를 선으로 연결했다. 확실하게 결정된 내용은 실선으로 연결하고 애매하거나 결정이 필요한 내용은 점선으로 연결했다. '앱'이라고 표현한 대상이 실제로는 네이티브와 웹 뷰로 나뉜다는 것을 확인한 뒤 이 둘을 별도 요소로 분리해서 표시했다. 각 구성 요소의 통신 방향도 그림으로 표시했다.

그림이 완성되자 더 이상 다른 소리를 하지 않았다. 그림으로 상호 간의 차이를 없애고 정확하게 의사소통할 수 있었기 때문이다. 이때부터 회의는 공회전 없이 빠르게 진행됐고 신속히 결론낼 수 있었다.

코드 출력

예전보다 모니터가 커지고 해상도도 높아지면서 한 화면에 많은 코드를 볼 수 있게 됐지만 여전히 편집기를 스크롤해야 한다. 스크롤만으로는 부족하다. API가 어떻게 시작해서 어떻게 끝나는지 모든 과정을 이해하려면 서로 다른 클래스와 메서드를 탐색해야 한다. 이 파일 저 파일 코드를 탐색하다 보면 머릿속에서 코드가 꼬인다.

이럴 때 코드를 출력해서 보면 편리하다. A3 용지같이 큰 종이에 출력하면 더 좋다. 종이 1장에 더 많은 코드를 표시할 수 있기 때문이다. 스스로 볼 수 있는 수준 내에서 글씨를 작게 출력하면 더 효과적이다. 또한 클래스나 메서드 단위로 출력하면 코드를 볼 때 더 편리하다.

분석하고 싶은 코드를 출력했다면 이제 분석해보자. 이때 종이의 장점을 활용할 수 있다. 일단 관심 있는 코드에 형광펜으로 칠한다. 한 메서드 내에서 값이 변하는 변수를 칠해도 되고 데이터베이스 연동 코드를 칠해도 된다. 2가지 이상의 색상을 사용하면 더 좋다. 색상마다 의미를 부여할 수 있기 때문이다. 예를 들어 데이터베이스 연동 코드는 노란색으로 주요 변수나 파라미터를 사용한 코드는 주황색으로 칠하는 식으로 말이다.

서로 영향을 주는 코드는 서로 선을 긋는다. 앞서 언급한 의존 그래프도 이 방식을 사용한다. 코드를 보고 이해한 내용을 적당한 위치에 적어도 된다. 이 메모는 코드에 적는 주석처럼 출력물을 다시 볼 때 기억을 되살리는 데 도움을 준다. 종이를 위아래로 훑는 것과 편집기에서 스크롤하면서 코드를 위아래로 보는 것은 차이가 크다. 아무래도 종이에 코드를 출력해서 보는 게 더 편하다. 회의실의 넓은 책상을 활용하면 더 좋다.

스크래치 리팩터링

리팩터링이 외부에 드러나는 기능 동작 변경 없이 코드 내부 구조를 재구성하는 기법이라면, 스크래치 리팩터링scratch refactoring은 코드 분석을 목적으로 하는 리팩터링이다. 리팩터링을 하려면 코드 구조나 의미를 이해하는 과정을 거쳐야 하는데 스크래치 리팩터링은 바로 여기에 집중한다. 리팩터링을 하면 변수 이름 변경, 메서드 추출, 클래스 추출, 파라미터 타입 변경과 같은 수정을 하게 되는데 이런 작업을 진행하면서 코드 동작을 깊이 이해할 수 있게 된다.

스크래치 리팩터링은 코드 개선이 아닌 코드 이해가 목적이므로 리팩터링한 결과는 반영하지 않고 다시 원래대로 되돌린다.

함께 모여 보기

코드를 이해하려는 방법의 하나로 코드 함께 보기가 있다. 코드를 함께 보면 다음과 같은 이점이 있다.

- 코드에 대한 지식이 여러 명에게 쌓인다.
- 서로의 지식을 주고받으며 부족한 부분을 채울 수 있다.
- 잘못 이해하는 것을 줄일 수 있다.

코드를 함께 보면 여러 사람이 코드에 대한 지식을 공유하고 쌓을 수 있다. 짝 코딩처럼 하나의 코드를 보고 대화를 나누다 보면 자연스럽게 각자 머릿속에 코드에 대한 지식이 쌓이게 된다. 모두가 완전히 똑같은 지식을 갖지는 못하겠지만 여럿이 함께 코드를 다룰 수 있는 기반을 만들 수 있다.

또한 서로 알고 있는 지식이 다르므로 코드를 분석하는 과정에서 상호 보완도 된다. 한 사람은 A 업무에 대해 더 다양한 지식을 가지고 있고 또 다른 사람은 B 업무를 더 많이 알고 있을 때 A와 B가 혼합된 코드를 함께 분석하면 서로 부족한 지식을 보완해 줄 수 있다.

그리고 코드를 잘못 이해하는 오류도 줄어든다. 혼자서 복잡한 코드를 분석하면 코드 동작을 다르게 추론할 수 있는데, 같이 코드를 분석하면 서로 잘못 이해한 부분을 알려주고 고칠 수 있다. 함께 모여서 코드를 볼 때는 2~4명 정도가 적당하다. 참여 인원이 늘어나면 대화가 분산되면서 개개인의 집중력과 참여 적극성이 떨어질 수 있기 때문이다.

이해하기 좋은 코드

다양한 도구를 사용해서 코드를 이해하는 역량을 높이는 것은 코드 분석에 도움이 된다. 하지만 이보다 더 중요한 것은 코드 자체를 이해하기 쉽게 만드는 것이다. 소프트웨어가 복잡해질수록 코드를 이해하기 위해 더 큰 노력이 필요하지만, 이해하기 좋은 코드는 그렇지 않은 코드보다 코드 분석에 필요한 노력을 줄여준다.

이해하기 좋은 코드를 만들 때 가장 염두에 두어야 하는 기본은 가독성이다. 코드를 분석하려면 코드를 읽어야 한다. 어색한 번역 투나 맞지 않은 단어를 사용한 글을 읽으면 내용을 이해하기 힘든 것처럼 가독성이 떨어지는 코드를 읽으면 동작을 이해하기 힘들다. 좋은 글을 쓰려면 좋은 글을 쓰는 법을 익히고 연습해야 한다. 이와 같은 맥락으로 이해하기 좋은 코드를 쓰려면 이해하기 좋은 코드를 쓰는 법을 익히고 연습해야 한다. 이해하기 좋은 코드를 작성하는 방법을 알려주는 책이 워낙 많아서 콕 집어 소개하기 어렵지만 굳이 고르자면 다음 두 책을 추천한다.

- 『켄트 벡의 구현 패턴』(에이콘출판사, 2008)
- 『클린 코드』(인사이트, 2013)

『켄트 벡의 구현 패턴』은 TDD(Test-Driven Development)로 유명한 켄트 벡(Kent Beck)이 쓴 책이다. 읽기 쉬운 코드를 작성하는 다양한 기법을 소개하고 있으며 책도 두껍지 않아 읽는 데 부담이 적을 것이다.

『클린 코드』도 좋은 코드를 작성하는 데 도움 되는 내용을 많이 담고 있다. 단이 책에서 말하는 내용을 그대로 적용하면 안 된다. 책 내용을 무조건 따라 하기보다 왜 이런 규칙을 만들었는지를 곱씹어 보고 상황에 맞춰 유연하게 적용해야 한다.

이 외에도 개발 언어마다 좋은 코드 작성법을 알려주는 책이 많다. 이런 책을 읽어보면서 가독성 좋은 코드 작성 연습을 해보자.

이해를 돕는 몇 가지 코드 작성법

이해를 돕는 코드 작성 방법은 매우 많지만 그중 기본이 되는 몇 가지를 소개하겠다. 가독성 좋은 코드를 작성하기 위해 최소한 이 정도는 알고 있어야 하는 내용 정도로 이해하길 바란다.

이름

이름은 코드 가독성에 큰 영향을 준다. 가독성이 좋은 코드를 작성하기 위한 출발점은 올바른 이름을 선택하는 것부터 시작된다. 클래스, 메서드, 변수, 함수, 필드 등이 모두 이름을 가지고 있기 때문에 코드를 읽을 때 가장 많이 보이는 게 이름이다.

먼저 의미나 의도 또는 목적을 유추할 수 있는 이름을 사용하자. 그런데 비영어권인 국내 환경에서 알맞은 영어단어를 찾기가 쉽지만은 않다. 예를 들어 '고객', '사용자' 같은 단어는 비교적 쉽게 영어단어로 변환할 수 있지만 '거주 사실 확인서' 같은 용어에는 알맞은 영어 이름을 붙이기가 쉽지 않다.

영어단어와 우리말 간의 미묘한 차이도 작명에 어려움을 준다. 예를 들어 'status'와 'state'는 둘 다 사전적 정의로 '상태'를 뜻하지만 표현하고자 하는 개념에 따라 더 적합한 영어단어를 사용해야 한다.

이런 어려움이 있더라도 시간을 들여 신중하게 이름을 지어야 한다. 표기한 이름이 실제 역할과 다르다면 코드를 분석할 때 많은 혼란을 준다. 예를 들어 아래 코드를 보자.

```
…
List<Input> inputs = selectInput(inputList);
…
```

이 코드는 selectInput( ) 메서드를 호출한다. 이 메서드의 이름만 보면 무언가를 조회할 것 같은 느낌을 준다. 그런데 이 메서드가 실제로 하는 일이 inputList를 데이터베이스에 저장하고 저장된 데이터를 리턴하는 것이라면 어떨까? selectInput( ) 메서드를 분석하기 전까지는 어떤 것을 조회하는 코드 동작이라고 잘못 유추할 수 있다. 누가 이렇게 코드를 만들까 싶겠지만 실제로 이와 유사한 코드를 본 적이 적지 않으며, 나 또한 이름과 다르게 동작하는 코드를 만들어서 의도치 않게 남을 속인 적이 있다.

이름이 사용되는 범위에 따라 이름 길이도 달라진다. 예를 들어 길이가 10줄 미만인 for 블록 안에서만 사용되는 변수는 이름이 짧더라도 그 의미를 이해하는 데 어려움이 없다. 아래 코드를 보면 superHeroList 요소에 접근하기 위한 변수 이름으로 superHero 대신 h를 사용했는데 for 블록이 짧기 때문에 h가 무엇을 의미하는지 쉽게 유추할 수 있다. 단어로 이름을 짓고 싶다면 hero를 사용하면 된다.

```
List<SuperHero> superHeroList = …;
int energy = 0;
for (String h : superHeroList) {
    energy += h.getEnergy();
}
```

이름은 짧을수록 좋지만 사용 범위가 넓다면 서술적인 이름을 사용해야 한다. 예를 들어 클래스를 서술적인 이름으로 지을 수 있다. 같은 이름을 가진 클래스가 존재하면 코드를 분석할 때 혼란을 준다. 서로 다른 패키지에 Job이라는 이름을 가진 클래스가 존재한다면 소스 코드에 있는 Job이 어떤 Job을 의미하는지 바로 알기 힘들다. 이럴 때는 VisitJob, AsyncJob처럼 의미를 구분할 수 있는 단어를 추가해야 한다.

클래스 이름과 달리 필드 이름은 짧아도 의미가 잘 전달된다. 클래스 이름이 맥락을 제공하기 때문이다. 예를 들어 Member 클래스는 이미 회원이라는 뜻을 내포하고 있으므로 Member 클래스에 포함된 필드 이름이 memberName일 필요는 없다. 그냥 name을 필드 이름으로 사용해도 회원 이름이라는 것을 알 수 있다.

중첩 if 최소화

코드 분석을 어렵게 만드는 요인 중 하나가 복잡한 if-else 문이다. if 문이 중첩될수록 복잡도는 배가 된다. 복잡한 if 문을 분석하려면 분기 조건과 같은 맥락을 기억해야 한다. 예를 들어 아래 코드에서 코드 3을 분석할 때는 조건 A, 조건 B, 조건 C에 대한 내용을 기억하고 있어야 한다.

```
if (조건 A) {
    … 코드 1
    if (조건 B) {
        … 코드 2
        if (조건 C) {
            … 코드 3 // 조건 A, B, C를 추적해야 함
        }
    } else {
        … 코드 4 // 조건 B 아닐 때 실행
```

```
        }
    } else {
        … 코드 5 // 조건 A 아닐 때 실행
    }
    return;
```

if 문이 중첩되어 코드가 복잡할 때는 if 조건을 역으로 바꿔 코드 구조를 단순
화할 수 있다. 다음 코드를 보자.

```
    if (조건) {
        …스크롤이 필요한 꽤 긴 코드
    }
    return;
```

if 구조는 단순하지만 if 블록 코드가 길다면 스크롤을 내려야만 끝을 알 수 있
다. 이 코드는 조건이 참이 아닐 때 아무것도 수행하지 않는 데 이 사실을 알기
위해서는 스크롤해야만 한다. 하지만 if 조건을 역으로 바꾸면 다음과 같이 코
드가 바뀐다.

```
    if ( !조건 ) {
        return;
    }
    …스크롤이 필요한 꽤 긴 코드
```

이 코드는 조건을 충족하지 않을 때 아무것도 수행하지 않고 리턴한다는 것을
스크롤하지 않아도 알 수 있다. 중첩된 if 문을 가진 다음 코드를 보자.

```
    if ( A ) {
        B 조건 구함
        if ( B ) {
```

```
          E 실행
       }
   }
```

조건을 역으로 바꾸면 구조가 단순하게 바뀐다.

```
if ( !A ) return;

B 조건 구함
if ( !B ) return;

E 실행
```

if 구조가 복잡할 때 if 조건을 역으로 바꾸면 else가 없다는 사실을 빨리 알 수
있고, 그만큼 조건을 기억할 범위도 좁아진다. 또한 코드 들여쓰기(깊이)가 줄
어들기 때문에 코드 복잡도가 낮아진다. 따라서 코드 분석을 쉽게 할 수 있다.

변수 줄이기

나는 프로그래밍을 처음 접할 때 C 언어를 공부한 적이 있다. 그 당시 C에서는
함수 내에서 변수를 사용하려면 함수 시작 부분에 변수를 선언해야 했다. 그래
서일까 기업에서 자바를 도입하던 시기에 C에서 코딩하던 습관처럼 자바 코드
에도 메서드 시작 부분에 변수를 선언하는 개발자가 많았다. 하지만 이런 방식
은 코드 가독성을 낮춘다. 아래 코드를 보자.

```
// 변수를 미리 선언
String name = any.getName();
int age = 0;
…
…
```

```
// 중간에 변경
age = 2021 - any.getBirthYear()
…

…
// 한참 뒤에 사용
System.out.println("이름: " + name);
System.out.println("나이: " + age);
```

이 코드는 변수를 선언한 위치와 변수를 실제로 사용하는 위치가 많이 떨어져 있다. 메서드 시작 부분에 선언한 변수가 언제 어떻게 사용되는지 확인하려면 전체 코드를 탐색해야 한다. 중간에 변수를 변경하는 코드가 존재한다면 코드 추적은 더 어려워진다.

같은 변수를 서로 다른 용도로 사용할 때도 있다. 예를 들어 result라는 변수를 처음에는 성공·실패를 저장하는 용도로 사용하다가 나중에는 처리 개수를 저장하는 용도로 사용하는 식이다. result가 어디서 사용되는지에 따라 의미가 달라지므로 이런 코드는 분석을 어렵게 만든다. 따라서 단순히 타입이 같다는 이유 때문에 1개의 변수를 여러 의미로 사용하지 말자.

일반적으로 변수가 사용되는 범위가 넓거나 변수 개수가 많을 때, 또 변수 변경이 빈번하거나 변수 용도가 중간에 바뀔 때 코드 분석 과정에서 기억해야 할 내용이 많아져 인지 부하 증가로 이어진다. 변수로 인한 인지 부하를 낮추려면 변수 자체를 줄여야 한다. 다음 코드를 보자.

```
String name = any.getName();
String id = any.getId();

Summary ret = Summary.builder().name(name).id(id).build();
```

위 코드는 name 변수와 id 변수를 선언한 뒤에 Summary 객체를 생성할 때 한 번만 사용하고 있다. 게다가 name 변수와 id 변수는 any.getName( )과 any.getId( ) 값을 변경 없이 그대로 할당한다. 이런 변수는 머리에 부담만 줄 뿐 쓰임새가 없다.

이렇게 변수를 새로 정의해서 얻을 수 있는 이점은 없고 인지 부하만 증가시키는 변수가 과연 필요한지 고민해야 한다. 필요하지 않다면 아래 코드처럼 변수를 없애고 직접 값을 사용하여 코드를 분석하는 데 들어가는 부하를 줄일 수 있다.

```
Summary ret = Summary.builder().name(any.getName()).id(any.getId()).build();
```

어떤 의미를 부여하거나 새로운 타입으로 변환할 때 변수를 사용하면 코드를 분석하는 데 도움이 된다. 다음 코드를 보자. 첫 번째 코드는 checkLimit( )를 호출할 때 계산하는 코드를 인자로 전달했다. 두 번째 코드는 계산한 결과를 age 변수에 담아 전달했다. 두 코드의 결과는 같지만 age 변수를 사용하는 두 번째 코드에서 전달하는 값의 의미를 더 쉽게 유추할 수 있다.

```
// 변수 없이 계산식을 전달
checkLimit(thisYear - mem.getBirthyear());


// 계산한 결과를 age 변수에 담아 전달.
int age = thisYear - mem.getBirthyear();
checkLimit(age);
```

변수 사용 범위는 최대한 좁게 한정하자. 변수를 사용하는 범위가 넓어질수록 변수를 추적하기가 어려워진다. 다음과 같은 규칙으로 적절한 변수 사용 범위를 정할 수 있다.

- 사용되기 직전에 정의
- 짧은 루프 블록 안으로 한정
- 짧은 if-else 블록 안으로 한정
- 짧은 메서드로 한정

변수를 선언하고 수십 줄 아래에서 변수를 사용하면 그 사이에 있는 코드를 추적해야만 변수가 처음 사용되는 위치를 알 수 있다. 변수를 사용하기 직전에 선언하면 이런 불편함을 줄일 수 있다.

```
// 변수 선언과 사용 위치가 멀어질수록 불필요한 코드 분석을 해야 한다
String msg = …;
…(코드 10줄, msg 변경 없음, 사용 없음)
return Result.message(msg);


// 변수를 최초 사용하기 직전에 선언하면 변수를 추적하는 부하가 줄어듬
…(코드 10줄)
String msg = …;
return Result.message(msg);
```

만약 특정 블록에서만 사용되는 변수가 블록 밖에서 선언되었다면, 블록 수행이 끝난 후에도 해당 변수가 사용되고 있는지 확인해야 한다. 왜냐하면 이 변수는 다른 용도로 사용될 수 있기 때문이다. 특정 블록에서만 사용되는 변수를 해당 블록 내에 선언하면 이런 문제가 발생하지 않는다. 예를 들어 for 블록에서만 사용되는 변수는 for 블록 내에서 선언한다.

```
// for 블록 안에서만 사용되는 uname 변수를 for 블록 밖에 선언한 코드
String uname;
for (String m : members) {
    uname = masking(m.getName()) + "(" + m.getCompany() + ")";
    … uname 사용 코드
}

// for 블록 안에서만 사용되는 uname 변수를 for 블록 안에 선언한 코드
for (String m : members) {
    String uname = masking(m.getName()) + "(" + m.getCompany() + ")";
    … uname 사용 코드
}
```

값 변경 최소화하기

변숫값이 중간에 계속해서 바뀌면 코드를 분석할 때 해당 변수에 담긴 값을 추적해야 한다는 부담이 생긴다. 수십 줄 정도 되는 코드에서 변숫값이 계속 변경되면 위치에 따라 변수가 어떤 값을 가지는지 기억해야만 코드 동작을 제대로 이해할 수 있다. 특히 if 문 조건절에서 사용되는 변수가 중간에 변경된다면 코드 추적이 어려워진다.

변수에 담긴 값 자체가 바뀔 때도 어려움이 생긴다. 아래 코드를 보자. 값이 불변일 때의 이점을 설명한 코드로 여러 책에서 소개되었다.

```
StringBuilder sb = new StringBuilder("hello");
String s1 = sb.append(" world").toString();
String s2 = sb.append(" world").toString();
System.out.println(s1); // "hello world" 출력
System.out.println(s2); // "hello world world" 출력
```

코드를 주의 깊게 보지 않으면 s1과 s2 둘 다 "hello world"라고 생각할 수 있다. 하지만 실제 출력 결과를 보면 s1은 "hello world"이고 s2는 "hello world world"이다. StringBuilder#append( ) 메서드는 내부 데이터를 변경하기 때문이다.

이렇게 변수가 담고 있는 값이나 변수가 참조하는 객체 · 구조체의 값이 바뀌면 코드를 분석할 때 부담이 증가한다. 반대로 변수나 변수가 참조하는 데이터가 바뀌지 않는다면 쉽게 코드 동작을 유추할 수 있다. 따라서 변수 변경은 가능한 한 최소화해야 한다.

언어가 제공하는 요소의 특성을 잘 활용하면 데이터가 바뀌지 않는다는 것을 명확하게 표현할 수 있다. 예를 들어 const나 final 같은 키워드를 사용하면 변수가 바뀌지 않는다는 것을 보장할 수 있다. 또한 자바 레코드record 타입이나 코틀린의 데이터 클래스를 사용하면 불변 객체를 쉽게 만들 수 있다.

> 💡 **불변(Immutable)**
> 변수나 객체 · 구조체가 한 번 생성되고 나서 값이 변하지 않고 수정할 수 없을 때 불변하다고 말한다.

모든 변수와 객체를 불변으로 만들 필요는 없다. 하지만 로컬 변수나 구조체의 값이 변하지 않아야 코드를 분석할 때 값을 추적해야 하는 부담을 줄일 수 있다.

📋 불변 객체와 성능

불변 객체를 사용하면 데이터 변경이 필요할 때 매번 새로운 객체를 생성한다. 예를 들어 자바의 BigInteger는 불변이다. add() 메서드 같은 연산을 수행할 때 기존 값을 변경하지 않고 새로운 객체를 생성한다. 다음 코드의 a1.add() 메서드는 a1 자체 값을 변경하지 않고 새로운 객체를 생성한다.

```
BigInteger a1 = new BigInteger("10");
a1.add(new BigInteger("20"));
```

데이터를 변경하지 않고 매번 새로운 객체를 생성하면 더 많은 메모리를 사용하게 되고 GC는 객체를 정리하는 데 더 많은 시간을 쓰게 된다. 이렇다 보니 "불변 객체를 사용하면 성능에 문제가 생기지 않을까"라고 걱정할 수 있다.

하지만 미리 걱정하지는 말자. 높은 성능을 요구하는 시스템이 아닌 일반적인 시스템에서 불변 객체를 사용한다고 해서 성능에 큰 문제가 생기지 않는다. GC도 개선되어 GC로 발생하는 응답 지연 시간이 줄어들고 있다. 성능이 걱정된다면 목표를 설정하고 부하 테스트를 수행해서 측정하자.

목표로 하는 수치가 나오지 않거나 목표 성능을 내기 위해 예상보다 많은 자원(메모리 등)이 사용되고 있으면 그때 문제 지점을 찾아서 수정하면 된다.

파라미터값 변경도 최소화하자. 파라미터로 전달받은 값을 변경하면 함수를 호출한 코드를 분석할 때 어려움을 겪는다. 파라미터로 전달한 값이 어떻게 바뀌는지 모르기 때문이다. 특히 모든 메서드가 한 타입을 공유해서 사용할 때 이런 일이 자주 발생한다.

알맞은 파라미터 타입 사용하기

다음 코드를 보자.

```
public class MemberService {

    public void save(MemberDto m) {
        ...
    }

    public void update(MemberDto m) {
        ...
    }

    public void setPassword(MemberDto m) {
        ...
    }
}
```

MemberService 클래스는 save( ) · update( ) · setPassword( ) 메서드를 정의하고 있다. 이 세 메서드의 파라미터 타입은 MemberDto로 모두 같다. save( ) · update( ) · setPassword( ) 메서드는 각각의 기능을 수행하기 위해 서로 다른 값이 필요하다. 따라서 MemberDto 클래스는 세 메서드에서 필요로 하는 모든 값을 갖게 된다.

이렇게 하나의 클래스를 여러 메서드의 파라미터로 사용하면 빠르게 개발이 진행된다고 생각할 수 있다. 메서드마다 파라미터를 위한 타입을 매번 새로 만들지 않아도 되기 때문이다. 초기에는 이렇게 해도 순조롭게 개발이 진행되기도 한다.

하지만 개발과 유지보수가 진행됨에 따라 여러 메서드가 하나의 타입을 공유하는 방식은 코드 분석을 어렵게 만든다. 세 메서드가 사용하는 MemberDto 클래스가 다음과 같다고 해보자.

```
public class MemberDto {
    private String id;
    private String name;
    private String password;
    private String passwordConfirm;
    private String newPassword;
    private String newPasswordConfirm;
    …
}
```

여러 필드가 있는데 이 중 setPassword( ) 메서드에서 사용하는 필드가 어떤 것인지 알아내려면 setPassword( ) 메서드 코드를 하나씩 확인해야 한다. 데이터베이스 연동 코드가 있다면 관련 코드도 전부 확인해야 한다. 그래야만 비로소 어떤 값을 사용하는지 알 수 있다. 이 방식을 사용하면 구현 과정에서 필요한 모든 데이터를 하나의 클래스에 담게 된다. 예를 들어 다음 코드를 보자.

```
public void save(MemberDto m) {
    int cnt = memberDao.count(m); // m을 줌
    if (cnt == 1) {
        throw new DupException();
    }
    String otherId = memberDao.selectSameAddress(m);
    m.setFamilyId(otherId); // 내부 구현 과정에서 필요한 값
    memberDao.insert(m);
}
```

이 코드는 중간에 데이터베이스에서 otherId 값을 가져와 m 객체의 familyId 프로퍼티 값으로 설정하고 있다. save( ) 메서드 입장에서 familyId 프로퍼티는 내부 구현 과정에서 필요한 값이지 파라미터로 직접 전달받아야 하는 값이 아니다. MemberDao.insert( ) 메서드에 MemberDto 객체를 인자로 전달하고 나서 이 메서드를 실행하면 familyId가 필요하게 된다. 따라서 MemberDto 클래스에 familyId 프로퍼티를 추가한 것이다.

이곳저곳에 데이터를 전달하기 위해 이와 같이 파라미터로 전달받은 타입을 공유해서 사용하면 코드를 분석하기가 힘들어진다. 내부적으로 호출되는 다른 객체의 메서드까지 뒤져봐야 하기 때문이다.

불필요해 보이는 필드를 삭제할 때도 많은 노력이 든다. MemberDto 타입을 사용하는 모든 코드를 확인해야 하기 때문이다. 사용하는 곳이 많을수록 코드 분석에 들어가는 시간은 배가 된다. 그대로 유지하더라도 당장 문제가 발생하지는 않으니 지우지 않고 방치하게 된다.

이해하기 좋은 코드를 만들려면 메서드를 실행하는 데 필요한 값만 파라미터로 전달해야 한다. 예를 들어 암호 변경 기능을 실행할 때는 다음처럼 암호 변경에 필요한 값만 담은 파라미터를 사용해야 한다.

```java
public class ChangePasswordRequest {
    private String id;
    private String currentPassword;
    private String newPassword;
    private String newPasswordConfirm;
```

또한 메서드 내부에서 다른 메서드를 호출할 때도 아래 코드처럼 호출하는 메서드가 필요로 하는 값만 전달해야 한다. 아래 코드를 보면 MemberDao의 메서드를 호출할 때 req 파라미터를 전달하지 않는다. 대신 각 메서드를 호출할 때 필요한 값만 사용한다.

```java
public void save(MemberSaveRequest req) {
    int cnt = memberDao.count(req.getId()); // 실행에 필요한 값만 전달
    if (cnt == 1) {
```

```
        throw new DupException();
    }
    String otherId = memberDao.selectSameAddress(req.getAddress());
    // MemberSaveRequest 대신 insert()에 알맞은 타입 사용
    MemberInsertData mid = MemberInsertData.builder()
        .id(req.getId())
        .name(req.getName())
        ….생략
        .familyId(otherId)
        .build();
    memberDao.insert(mid);
}
```

필요한 값만 갖는 타입을 추가하다 보면 만들어야 할 타입이 늘어난다. 타입이 늘어나면 코드 복잡도도 올라간다. 새로운 타입을 만들어야 하니 귀찮기도 하다. 하지만 타입을 추가했을 때 올라가는 코드 복잡도보다 하나의 타입을 여러 메서드의 파라미터 타입으로 사용하면서 늘어나는 코드 분석 시간이 더 큰 문제다.

📋 개발 생산성과 Map

예전에 H사에서 웹 서비스 개발에 필요한 기반 코드를 작성해달라는 요청을 받았었다. 이때 H사는 Map을 사용할 것을 요구했고 컨트롤러, 서비스, 매퍼에서 Map을 사용하겠다고 했다. 처음에는 Map을 사용하는 것에 대해 부정적인 입장을 전달했는데, H사 담당자는 계속해서 Map을 사용해야 한다는 의견을 고수했다. Map을 사용하고 싶은 이유를 물었는데 H사 담당자는 Map을 사용해야 개발 생산성이 높아진다고 답했다. 더 설득하고 싶었지만 힘들 거라는 판단이 들어, 내 의견을 접고 Map을 사용한 코드를 만들어 작업을 마무리했다.

Map을 사용하면 처음에는 빠르게 기능이 만들어진다고 느낄 수 있다. 작성해야 하는 코드가 줄어들기 때문이다. 메서드마다 알맞은 파라미터 타입을 만들 필요가 없고, 한 타입에서 다른 타입으로 변환하는 코드를 만들지 않아도 된다. SQL 쿼리를 실행할 때도 Map을 인자로 전달하면 된다.

하지만 어디까지나 개발 초기에만 이러한 이점을 누릴 수 있다. 일단 코드를 만들고 나면 반드시 코드를 수정할 일이 생긴다. 코드 수정을 하려면 먼저 코드를 읽어야 한다. Map이 사용된 코드라면 어떤 속성이 사용되는지 찾기 위해 프런트 코드부터 SQL 쿼리까지 탐색해야 한다. Map에 담겨 있는 값의 키 이름을 알 수 없기 때문이다.

게다가 코드 자동 완성 같은 도움도 받기 힘들다. 물론 컴파일러의 도움도 받을 수 없다. 키 이름을 잘못 썼다고 해도 컴파일은 되기 때문이다. 실제 실행해봐야 비로소 잘못된 이름을 사용한 사실을 알 수 있다.

Map을 사용하면 코드양이 줄긴 하지만 개발 생산성이 높아지는 것은 아니다. 코드양이 증가하고 시스템이 복잡해질수록 Map을 사용한 코드를 분석한 다음 버그를 찾고 수정하는 시간은 더 늘어난다. 오히려 생산성이 떨어진 것이다.

길지 않은 코드와 메서드 추출

암호문 같은 코드를 제외하면 긴 코드보다는 짧은 코드가 분석하기 쉽다. 클래스, 메서드, 함수가 길면 머리에 담아야 할 내용이 많아지고 코드 분석은 힘들어진다.

메서드나 함수를 길지 않게 만들려면 모든 구현을 한 메서드에 넣으면 안 된다. 대신 구현의 일부를 별도 메서드나 객체로 분리해야 한다. 아래 코드를 보자.

```java
public void save(SaveRequest req) {
    if (!StringUtils.hasText(req.getId()))
        throws new IllegalArgumentException("id는 필수");
    if (!StringUtils.hasText(req.getName()))
        throws new IllegalArgumentException("name은 필수");
    if (!StringUtils.hasText(req.getEmail()))
        throws new IllegalArgumentException("email은 필수");

    Long seq = repository.createSeq();

    Member member = Member.builder()
```

```
            .seq(seq);
            .id(req.getId()).name(req.getName()).email(req.getEmail())
            .createdAt(LocalDateTime.now())
            .build();

        repository.save(member);
    }
```

save( ) 메서드에서 처음 여섯 줄은 파라미터값이 올바른지 검사하는 코드다.
값이 유효한지를 검사하는 구현을 별도 메서드로 분리하면 다음처럼 save( )
메서드 길이를 줄일 수 있다.

```
public void save(SaveRequest req) {
    validate(req);

    Long seq = repository.createSeq();

    Member member = Member.builder()
        .seq(seq);
        .id(req.getId()).name(req.getName()).email(req.getEmail())
        .createdAt(LocalDateTime.now())
        .build();

    repository.save(member);
}

private void validate(SaveRequest req) {
    if (!StringUtils.hasText(req.getId()))
        throws new IllegalArgumentException("id는 필수");
    … 생략
}
```

save( ) 메서드를 한 번 더 줄여보자. 이번에는 Member 객체 생성 코드를 별
도 메서드로 분리했다.

```java
public void save(SaveRequest req) {
    validate(req);
    Member member = create(req);
    repository.save(member);
}

private void validate(SaveRequest req) {
    if (!StringUtils.hasText(req.getId()))
        throws new IllegalArgumentException("id는 필수");
    … 생략
}

private Member create(SaveRequest req) {
    Long seq = repository.createSeq();
    return Member.builder()
        .seq(seq);
        .id(req.getId()).name(req.getName()).email(req.getEmail())
        .createdAt(LocalDateTime.now())
        .build();
}
```

맨 처음 save( ) 메서드에 모든 코드가 있었던 것과 비교하면 save( ) 메서드 길이가 확실히 짧아졌다. 대신 검증 코드는 validate( ) 메서드로 분리됐고, Member 객체를 생성하는 코드는 create( ) 메서드로 이동했다. save( ) 메서드뿐만 아니라 별도로 분리한 각 메서드의 길이도 길지 않다.

save( ) 메서드는 코드가 길지 않기 때문에 save( ) 메서드의 전반적인 코드 흐름을 빨리 이해할 수 있다. save( ) 메서드의 상세한 구현은 알 수 없지만 대략 요청 데이터를 검증(validate)한 다음 요청 데이터에서 Member 객체를 생성 (create)하며 저장하고 있다는 것을 볼 수 있다. 자세한 구현이 궁금하면 각 메서드로 이동한다. 검증을 어떻게 하는지 궁금하면 validate( ) 메서드를 분석하면 되고, Member 객체를 어떻게 생성하는지 궁금하다면 create( ) 메서드를 분석하면 된다.

길지 않은 코드는 결국 추상화 수준을 맞추는 것과 연결된다.

> 💡 **추상화 수준**
>
> 코드를 읽으면서 파악할 수 있는 정보의 수준을 말한다.

추상화 수준 맞추기

특정 메서드를 분석하려면 메서드 이름부터 코드를 아래로 읽어 내려가야 한다. 코드를 읽는 도중에 메서드 호출이 나타나면 그 메서드로 이동해서 보기도 하고, 현재 보고 있는 메서드를 한 번 훑고 나서 호출한 메서드를 보기도 한다.

다른 메서드로 이동이 잦다 보면 코드를 분석하는 흐름이 끊어진다. 아무래도 코드 편집기에서 이리저리 여러 탭을 왔다 갔다 하다 보면 집중력이 떨어지기 마련이다. 그래서 한 메서드에 모든 로직을 구현하는 개발자도 있다. 하지만 코드가 어느 수준 이상으로 길어지면 코드 분석이 힘들어진다. 추적해야 할 변수와 로직이 많기 때문이다. 하나하나 상세한 내용을 분석하느라 전반적인 로직을 이해하는 데 어려움을 겪게 된다.

코드 길이를 길지 않게 유지하면서 코드 분석을 원활하게 하려면 개념적인 단위로 코드를 묶어서 표현해야 한다. 회원 가입 로직을 예로 들어 보자. 다음 코드는 회원 가입 로직을 구현 수준에서 표현한 것이다.

```java
public void register(RegisterRequest req) {
    int sameIdCount = userRepository.countById(req.getId());
    if (sameIdCount > 0) throw new DupIdException();

    int sameEmailCount = userRepository.countByEmail(req.getEmail());
    if (sameEmailCount > 0) throw new DupEmailException();
```

```
        User user = User.builder()
            .id(req.getId()).email(req.getEmail())
            .status(PENDING)
            .build();

        userRepository.save(user);

        UserHistory history = UserHistory.builder()
            .id(user.getId())
            .status(user.getStatus())
            .timestamp(now())
            .oldStatus(null)
            .build();

        historyDao.insert(history);
    }
```

이 코드에서 첫 두 줄의 구현 로직은 다음과 같다.

- req.getId()와 같은 id를 갖는 사용자 개수를 구한다.
- 개수가 0보다 크면 DupIdException이 발생한다.

이 로직을 구현한 이유는 동일한 ID를 쓰는 사용자가 이미 존재한다면 가입하지 못하게 막기 위해서이다. 즉 이 두 코드는 'ID 중복 검사'라는 상위 수준 로직을 구현하고 있다. 이와 비슷하게 이메일 개수에 따라 예외Exception가 발생하는 코드는 '이메일 중복 검사'라는 상위 수준 로직을 구현하고 있다.

register() 메서드의 다른 코드를 이와 비슷하게 상위 수준으로 표현하면 다음과 같은 로직으로 구성된다.

- ID 중복 검사
- 이메일 중복 검사
- 대기(PENDING) 상태 User 생성

- User 저장
- 회원 생성 명세 추가

이 로직은 가입(register) 기능을 표현하고 있다. 각 로직을 어떻게 구현하는지에 대한 상세한 내용은 담고 있지 않다. 이 로직을 보면 상세한 구현을 보지 않아도 가입 기능이 어떻게 처리되는지 이해할 수 있다.

메서드 추출·분리를 사용하면 비슷한 효과를 낼 수 있다. 개념적으로 구분되는 로직의 구현 코드를 별도 메서드(적절한 이름을 가진)로 분리하면 된다. 그러면 코드를 읽을 때 전체 흐름을 더 쉽게 이해할 수 있다. 예를 들어 앞의 register( ) 코드를 다음과 같이 구현할 수 있다.

```java
public void register(RegisterRequest req) {
    checkSameIdExists(req.getId());
    checkSameEmailExists(req.getEmail());
    User user = createPendingUser(req);
    saveUser(user);
    appendNewUserCreatedHistory(user);
}

private void checkSameIdExists(String id) {
    int sameIdCount = userRepository.countById(req.getId());
    if (sameIdCount > 0) throw new DupIdException();
}

private void checkSameEmailExists(String email) {
    int sameEmailCount = userRepository.countByEmail(req.getEmail());
    if (sameEmailCount > 0) throw new DupEmailException();
}

private User createPendingUser(RegisterRequest req) {
    return User.builder()
        .id(req.getId()).email(req.getEmail())
        .status(PENDING)
        .build();
```

```
    }

    private void saveUser(User user) {
        userRepository.save(user);
    }

    private void appendNewUserCreatedHistory(User user) {
        UserHistory history = UserHistory.builder()
            .id(user.getId())
            .status(user.getStatus())
            .timestamp(now())
            .oldStatus(null)
            .build();

        historyDao.insert(history);
    }
```

메서드가 다소 많아졌다. 하지만 상세한 구현을 메서드로 분리해서 register( )
메서드는 짧아졌다. 분리한 각 메서드는 로직을 나타내는 이름을 갖고 있어서
register( ) 메서드의 전체 흐름을 이해하기 쉬워졌다.

코드를 묶어서 메서드로 분리할 때는 가급적 추상화 수준을 맞추는 게 좋다.
앞선 register( ) 메서드를 다시 보자.

```
    public void register(RegisterRequest req) {
        checkSameIdExists(req.getId()); // 같은 ID 존재 확인
        checkSameEmailExists(req.getEmail()); // 같은 이메일 존재 확인
        User user = createPendingUser(req); // PENDING USER 생성
        saveUser(user); // user 저장
        appendNewUserCreatedHistory(user); // 새 유저 생성 내역 추가
    }
```

여기서 아래와 같이 메서드 이름을 변경했다고 하자.

• checkSameIdExists → checkSameIdCountIsOverZero

오른쪽 메서드 이름은 구현을 더 잘 표현하고 있다. createPendingUser 메서드 이름에는 PENDING 상태 USER를 어떻게 만드는지 나타나 있지 않다. checkSameEmailExists 메서드 이름에도 동일한 이메일이 존재할 때 어떻게 확인하는지가 드러나 있지 않다. 반면에 checkSameIdCountIsOverZero 메서드는 같은 ID가 존재할 때 어떻게 검사하는지를 표현하고 있다. register( ) 메서드 안에서 로직을 표현하는 추상화 수준이 다른 것이다.

추상화 수준이 들쑥날쑥하면 코드를 분석할 때 개발자가 해석하는 과정을 거쳐야 한다. 예를 들어 register( ) 메서드에서 checkSameIdCountIsOverZero 코드를 보면 처음에는 '같은 ID 개수가 0보다 큰지 검사한다'로 이해한다. 그리고 나서 코드를 점점 이해하기 시작하면 비로소 '같은 ID가 존재하는지 검사한다'로 해석할 수 있게 된다. 추상화 수준이 들쑥날쑥하면 머릿속으로 다시 수준을 맞추고 코드 분석을 해야 한다. 그러면 당연하게도 코드 분석 시간이 증가한다.

따라서 이해하기 좋은 코드를 만들려면 최대한 한 메서드 내에서 코드가 표현하는 추상화 수준을 맞추려고 노력해야 한다.

5장

응집도와 결합도

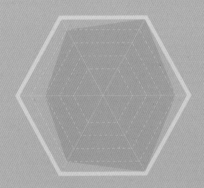

- 응집도
- 결합도

설계, 패턴, 아키텍처 등을 공부하다 보면 다음 2가지 용어를 자주 만나게 된다.

- 응집도(Cohesion)
- 결합도(Coupling)

이 둘은 컴퓨터 프로그래밍에서 중요한 단어다. 코드 수준부터 상위 아키텍처까지 모든 위치에서 두 용어가 나타난다. 좋은 코드, 좋은 설계, 패턴, 아키텍처는 높은 응집도와 낮은 결합도를 추구하는데, 이 장에서 응집도와 결합도를 알아보자.

> ### 📑 응집도와 결합도 이해의 어려움
>
> 개발하다 보면 응집도와 결합도에 대해 필연적으로 들을 수밖에 없다. 자주 듣는 용어이지만 이 둘은 여전히 어렵다. 나 역시 이 책에서 응집도와 결합도를 완벽하게 설명하지는 못한 것 같다. 그래도 이 둘이 무엇인지 전달하기 위해 노력했으니 이 장에서 응집도와 결합도에 대한 감을 잡아 보자. 또한 각자 더 학습해서 본인만의 지식으로 쌓길 바란다.

응집도

다음은 응집도의 정의를 발췌한 것이다.

응집도는 모듈 안에 있는 요소가 함께 모여 있는 정도를 나타낸다.[1]

응집도는 한 모듈의 파트가 동일한 모듈 안에 얼마나 포함되어 있는지를 나타낸다.[2]

두 정의에 따르면 응집도는 관련 요소가 얼마나 한 모듈에 모여 있는지를 나타낸다. 작게는 메서드·함수 수준부터 크게는 프로세스 수준에 이르기까지 모든 수준에서 응집도를 판단할 수 있다. 다음 문장은 응집도를 판단하는 몇 가지 예를 나타낸 것이다.

- 회원 관련 코드가 한 패키지(또는 한 모듈)에 모여 있는가?
- 스택 관련 코드가 한 클래스에 모여 있는가?
- 폼 검증 로직이 한 함수에 모여 있는가?

관련 코드가 한곳에 모여 있으면 응집도가 높다고 표현하고 반대로 관련 코드가 여러 곳에 분산되어 있으면 응집도가 낮다고 표현한다. [그림 5-1]을 보자. [그림 5-1]의 구조는 응집도가 낮다. 계약 관련 기능이 contract 패키지에 모여 있지 않고 contract 패키지와 member 패키지에 흩어져 있다.

---

1   https://en.wikipedia.org/wiki/Cohesion_(computer_science)

2   『소프트웨어 아키텍처 101』(2022, 한빛미디어)

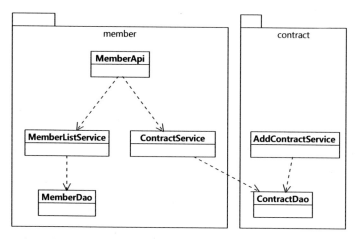

그림 5-1 응집도가 낮은 구조

계약 관련 기능이 한곳에 모여 있지 않아 계약 기능에 변경이 생기면 contract 패키지뿐 아니라 member 패키지도 수정해야 한다. 응집도를 높이려면 계약 관련 코드를 담고 있는 ContractService를 contract 패키지로 옮겨야 한다.

기능도 비슷하다. 한 기능과 관련된 코드는 한곳에 모여 있어야 한다. 반대로 말하면 구분되는 기능은 서로 다른 곳에 분리되어야 한다. 예를 들어 MemberService가 회원 가입, 회원 정보 변경, 암호 변경, 회원 탈퇴 등의 기능을 구현하면 서로 목적이 다른 코드가 한 클래스에 뒤섞여서 응집도가 떨어진다.

응집도를 높이려면 회원 가입을 위한 클래스, 회원 정보 변경을 위한 클래스, 암호 변경을 위한 클래스, 회원 탈퇴를 위한 클래스로 분리해야 한다.

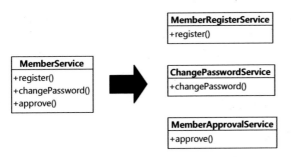

그림 5-2 기능별로 분리해서 응집도를 높인다.

코드 수준으로 살펴보자. 다음 코드는 4장에서도 사용했던 코드다.

```java
public void save(SaveRequest req) {
    if (!StringUtils.hasText(req.getId()))
        throws new IllegalArgumentException("id는 필수");
    if (!StringUtils.hasText(req.getName()))
        throws new IllegalArgumentException("name은 필수");
     if (!StringUtils.hasText(req.getEmail()))
        throws new IllegalArgumentException("email은 필수");

    Long seq = repository.createSeq();

    Member member = Member.builder()
        .seq(seq);
        .id(req.getId()).name(req.getName()).email(req.getEmail())
        .createdAt(LocalDateTime.now())
        .build();

    repository.save(member);
}
```

이 메서드는 회원 저장과 관련된 모든 코드를 포함하고 있어 응집도가 높다고 생각할 수 있다. 하지만 코드 수준에서 보면 서로 다른 역할을 하는 코드가 섞여 있다는 것을 알 수 있다. 코드의 2~6행은 값을 검증하는 코드다. 그다음은

Member 객체를 생성하는 코드고 마지막은 저장하는 코드다. 이 코드의 응집도를 높이려면 서로 다른 역할을 하는 코드를 별도 메서드로 분리하면 된다.

```
public void save(SaveRequest req) {
    validateRequest(req);
    …생략
}

// 값 검증과 관련된 코드만 한곳에 모았다.
private void validateRequest(SaveRequest req) {
    if (!StringUtils.hasText(req.getId()))
        throws new IllegalArgumentException("id는 필수");
    if (!StringUtils.hasText(req.getName()))
        throws new IllegalArgumentException("name은 필수");
     if (!StringUtils.hasText(req.getEmail()))
        throws new IllegalArgumentException("email은 필수");
}
```

메서드 추출을 잘 활용하면 4장에서 설명한 것처럼 코드 가독성을 높이면서 응집도도 함께 높일 수 있다.

그러면 왜 응집도를 높여야 할까? 응집도는 결국 수정 비용과 관련이 있다. 응집도가 높으면 관련 코드가 한곳에 모여 있게 되고 관련되지 않은 코드는 포함하지 않는다. 역할에 따라 클래스가 분리되면서 자연스럽게 클래스 길이가 줄고, 메서드 단위로 작성되기 때문에 가독성이 좋아진다. 따라서 코드 분석 시간을 줄여준다.

또한 응집도가 높아지면 기능을 변경할 때 수정할 범위도 줄어든다. 예를 들어 여러 모듈을 수정하지 않고 하나의 모듈만 수정하거나 여러 클래스를 수정하지 않고, 한 클래스만 수정하거나 여러 메서드를 수정하지 않고 한 메서드만 수정하는 식으로 말이다.

응집도·역할·수정 범위

응집도는 역할 또는 책임과 관련이 있다. 응집도가 높아지면 구성 요소가 역할에 따라 알맞게 분리될 가능성이 커진다. 구성 요소가 역할에 따라 분리될수록 소프트웨어를 수정해야 할 때 변경 범위가 좁아진다. 또한 응집도가 높아질수록 구성 요소를 수정하려는 이유도 하나로 줄어든다.

예를 들어 모든 회원 관련 타입이 member 패키지에 존재하고, 계약 관련 타입은 contract 패키지에 존재한다고 하자. 회원 관련 기능을 변경해야 한다면 member 패키지에 위치한 코드만 수정하면 된다. 같은 맥락으로 계약 관련 기능을 변경하려면 contract 패키지만 수정하면 된다.

그리고 회원 가입과 회원 승인 기능을 각각 MemberRegisterer와 Member-Approver 클래스로 구현했다고 가정해보자. 회원 가입 로직을 변경하려면 MemberRegisterer만 수정하면 된다. 마찬가지로 회원 승인 기능을 변경하려면 MemberApprover만 수정하면 된다. 이처럼 두 클래스를 수정하려는 이유가 각각 하나씩이다.

코드 수준에서도 마찬가지다. 아래 코드에서 값 요청 검증 로직을 변경하려면 validateRequest( ) 메서드만 수정하면 된다. 마찬가지로 대기 상태 회원을 생성하는 로직을 변경하려면 createPendingMember( ) 메서드만 수정하면 된다.

```java
public void save(SaveRequest req) {
    validateRequest(req);
    Member member = createPendingMember(req);
    saveMember(member);
}
```

```
private void validateRequest(SaveRequest req) {
    …
}

private Member createPendingMember(SaveRequest req) {
    …
}
```

> **응집도와 단일 책임 원칙**
>
> 변경할 이유가 적을수록 응집도가 올라간다. 회원 관련 기능을 member 모듈에 모았다
> 고 해보자. 회원 관련 기능을 변경할 때 member 모듈 수정이 발생한다. 회원 관련 기능
> 중 회원 가입 절차를 MemberRegisterService 클래스에 구현했다고 해보자. 이 클래스
> 는 회원 암호 변경이나 회원 탈퇴 같은 기능을 변경할 때는 바뀌지 않고 회원 가입 절차를
> 변경할 때 바뀐다. 이와 비슷하게 위 코드에서 SaveRequest 검증 로직을 변경해야 한다
> 면 validateRequest( ) 메서드만 수정하면 된다.
>
> 단일 책임 원칙Single Responsibility Principle은 각 구성 요소는 하나의 책임만 가져야 한다는
> 원칙이다. 다르게 표현하면 구성 요소를 수정할 이유는 하나여야 한다는 것이다. 응집도를
> 높이려면 역할에 따라 구성 요소를 나눠야 하는데, 역할에 맞게 구성 요소를 나누면 각 구
> 성 요소를 수정할 이유가 줄어들게 된다. 즉 응집도가 높아지면 단일 책임 원칙을 따를 가
> 능성이 올라간다.

캡슐화와 응집도

객체 지향에서 캡슐화encapsulation는 데이터와 함수를 한곳에 모은다. 데이터를
외부에 노출하지 않고 감추는 정보 은닉information hiding과 캡슐화를 구분해서 표
현할 수도 있지만, 흔히 말하는 캡슐화는 정보 은닉을 포함한다.

캡슐화는 응집도를 높이는 방법의 하나다. 객체 지향에서 캡슐화는 데이터에
대한 직접 접근을 최소화해서 구현을 감추고 외부에 기능을 제공한다. 이렇게
하면 구현을 변경해야 할 때 수정 범위가 캡슐화한 객체로 좁혀진다.

간단하게 캡슐화한 코드와 그렇지 않은 코드의 차이를 살펴보자. 먼저 캡슐화하지 않은 코드를 먼저 보자. 아래 코드는 캡슐화를 설명할 때 자주 사용하는 예시이다.

```java
public class Member {
    private LocalDate expiry;
    …
    getter 생략
}
```

위 클래스를 사용하는 코드는 회원이 만료됐는지 판단하기 위해 다음 코드를 사용한다.

```java
Member m = getMember(id);
if (m.getExpiry().isBefore(LocalDate.now())) {
    …
}
```

다른 곳에서 만료 여부 판단이 필요하면 이 코드를 그대로 복사해서 사용하게 된다.

그런데 만료일을 무한대로 제공해야 할 필요성이 생겨서 expiry 값을 null로 저장하기로 했다고 가정하자. 이제 getExpiry( )를 사용한 코드를 모두 찾아서 다음과 같이 변경해야 한다.

```java
if (m.getExpiry() != null && m.getExpiry().isBefore(LocalDate.now())) {

}
```

캡슐화한 코드를 보자.

```
public class Member {
    private LocalDat expiry;

    public boolean isExpired() {
        return expiry.isBefore(LocalDate.now());
    }
```

캡슐화한 코드는 데이터(만료일)와 관련 로직(만료 여부 판단)을 한 클래스에 모았다. 외부에는 만료 여부를 판단해서 알려주는 기능인 isExpired( )만 노출하고 expiry는 제공하지 않는다. 만료 여부에 따른 분기 처리를 하려 할 때 Member 클래스를 사용하는 코드는 Member의 expiry에 접근하지 못한다. 대신 Member가 제공하는 isExpired( )를 사용해서 분기 처리한다.

```
if (m.isExpired()) {

}
```

요구 사항 변경으로 만료일이 없을 때 null을 사용하기로 했다고 하자. 이때 Member 클래스는 다음과 같이 바뀐다.

```
public class Member {
    private LocalDat expiry;

    public boolean isExpired() {
        return expiry != null && expiry.isBefore(LocalDate.now());
    }
}
```

반면 Member를 사용하는 코드는 다음처럼 바뀌지 않는다.

```
// isExpired()만 바뀔 뿐, isExpired()를 사용하는 코드는 바뀌지 않음
if (m.isExpired()) {

}
```

캡슐화하지 않은 코드에서는 만료 여부를 판단하는 로직을 변경할 때 여러 곳을 수정해야 하지만 캡슐화한 코드는 isExpired( ) 메서드 한 곳만 수정하면된다. 관련 코드(데이터와 데이터를 사용하는 로직)가 한곳에 모여 있어(즉, 응집되어 있어) 수정할 범위가 줄어든 것이다.

 **결합도**

다음은 위키피디아에 정의된 결합도coupling의 정의다. [3]

결합도는 소프트웨어 모듈이 서로 의존하는 정도이다.
두 모듈이 얼마나 밀접하게 연결되어 있는지 모듈 간 관계 정도를 나타낸다.

한 요소를 수정할 때 다른 요소도 함께 수정해야 하면 두 요소 간 결합도가 높다고 표현한다. 반대로 한 모듈을 수정할 때 다른 모듈을 수정하지 않아도 되면 결합도가 낮다고 말한다.

수정할 대상이 많아지면 코드 분석과 수정에 드는 시간이 증가한다. 다시 말해, 결합도가 높아지면 유지보수 비용이 증가한다. 따라서 수정 비용을 낮추기 위해서는 응집도는 높이고 결합도는 낮춰야 한다.

응집도가 높다고 해서 반드시 결합도가 낮아지는 것은 아니다. 응집도를 높이려면 코드를 역할에 따라 분리해야 한다. 그러나 분리된 요소 간에 의존이 발생하게 되고, 서로 의존하는 정도가 올라갈수록 결합도가 증가한다.

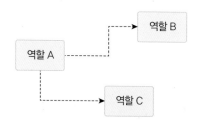

그림 5-3 역할에 따라 응집도를 높이면 결과적으로 결합도가 증가한다.

---

3   https://en.wikipedia.org/wiki/Coupling_(computer_programming)

응집도를 높이고 결합도를 낮추려면 구성 요소 간 상호 작용을 최소화해야 한다. 구성 요소 간 상호 작용을 최소화하려면 구현에 대한 의존을 줄이는 것이 중요하다. 앞서 언급한 캡슐화는 구현을 감춤으로써 두 구성 요소 간의 상호 작용을 줄여주어 응집도를 높이는 동시에 결합도를 낮춰준다.

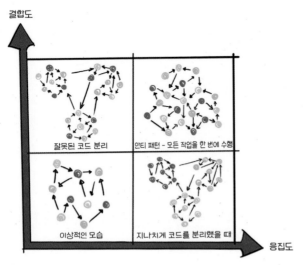

▶ 응집도와 결합도의 상관관계: 같은 색의 동그라미는 서로 관련된 코드를 나타낸다.

추상화 타입과 결합도

추상화 타입을 사용해도 결합도를 낮출 수 있다. 예를 들어 다음 코드를 보자.

```
public class MemberRegister {
    private JdbcTemplate jdbcTemplate;
    …다른 필드와 생성자 생략

    public void register(RegisterRequest req) {
        validate(req);
        Member m = createPendingMember(req);
```

```
            saveMember(m);
            sendNotiSms(m);
        }
        …
        private void sendNotiSms(Member m) {
            String content = "….생략";
            jdbcTemplate.update(
                "insert into SMS_SEND (PHONE, CONTENT) values (?, ?)",
                m.getPhone(), content);
        }
    }
```

이 코드에서 sendNotiSms( ) 메서드는 SMS를 전송하기 위해 SMS_SEND 테이블에 레코드를 삽입한다. 아마도 SMS_SEND 테이블에 데이터를 추가하면 별도 에이전트가 데이터를 조회해서 SMS를 발송하는 식으로 동작할 것이다.

sendNotiSms( ) 메서드는 SMS 발송을 위해 SMS_SEND 테이블이라는 구현에 직접 의존하고 있다. 구현에 직접 의존하고 있기 때문에 다음과 같은 상황이 발생하면 MemberRegister 클래스를 함께 변경해야 한다.

- LMS로 발송하기 위해 insert 쿼리에 LMS_YN 칼럼을 추가해야 한다.
- 문자가 아닌 알림톡으로 발송하기 위해 저장 대상 테이블을 변경한다.
- 테이블에 삽입하는 방식이 아닌 API를 호출하는 방식으로 변경한다.

회원 가입 코드에 통지 구현이 포함되어 있기 때문에 통지 구현을 변경하면 가입을 다루는 MemberRegister가 바뀌는 것이다. 이런 일이 벌어지는 이유는 회원 가입 프로세스(MemberRegister 클래스)와 통지 구현(SMS_SEND 테이블)이 밀접하게 결합하고 있기 때문이다.

추상화로 이러한 강결합을 낮출 수 있다. [그림 5-4]는 SMS 문자 통지 기능을 Notifier 타입으로 추상화해서 분리한 구조를 보여준다.

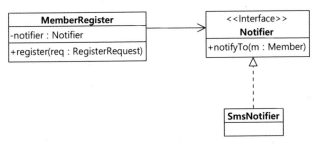

그림 5-4 구현을 추상화 타입으로 분리해서 구현에 대한 결합도를 낮춘다.

이제 MemberRegister 클래스는 SMS_SEND 테이블에 직접 접근하지 않는다. 대신 간접적으로 Notifier 타입을 통해 접근한다.

```
public class MemberRegister {
    private Notifier notifier; // 구현이 아닌 추상화 타입에 의존
    …다른 필드 생략

    public MemberRegister(Notifier notifier, …다른 파라미터 생략) {
        this.notifier = notifier;
        …다른 필드 초기화 코드 생략
    }

    public void register(RegisterRequest req) {
        validate(req);
        Member m = createPendingMember(req);
        saveMember(m);
        notifyTo(m);
    }
    …
    private void sendNotiSms(Member m) {
        notifier.notifyTo(m);
    }
}
```

Notifier의 실제 구현체는 MemberRegister 객체를 생성할 때 전달한다.

```
Notifier notifier = new SmsNotifier();
MemberRegister register = new MemberReigister(notifier, …생략);
```

SMS_SEND 테이블에 데이터를 넣는 방식을 변경해야 할 때는 SmsNotifier 클래스만 수정하면 된다. MemberRegister 클래스는 수정할 필요가 없다. 통지 수단을 알림톡으로 변경해야 한다면 알림톡용 구현체를 만들고 Member-Register 생성자에 전달하면 된다. 이 경우에도 MemberRegister 클래스 자체는 수정할 필요가 없다.

```
// Notifier 구현을 변경해도 MemberRegister는 수정하지 않는다.
Notifier notifier = new AlimtalkNotifier();
MemberRegister register = new MemberReigister(notifier, …생략);
```

MemberRegister 클래스와 SmsNotifier 클래스 둘 다 Notifier 인터페이스에 의존하고 있기 때문에, Notifier 인터페이스가 바뀌게 되면 두 클래스 모두 수정해야 한다. 하지만 알림 구현만 바뀐다면 MemberRegister는 수정할 필요가 없다.

추상화 타입을 사용해서 MemberRegister와 통지 기능 간 결합도만 낮춘 게 아니다. 통지 기능을 SmsNotifier로 분리 구현함으로써 통지 기능의 응집도도 함께 높아졌다. 추상화 타입으로 결합도는 낮추고 응집도는 높인 것이다.

이벤트와 결합도

결합도를 낮추는 또 다른 방법은 이벤트를 사용하는 것이다. 이벤트는 발생한 어떤 사건을 의미한다. 회원 가입을 다시 예로 살펴보자.

```
public class MemberRegister {

    public void register(RegisterRequest req) {
        validate(req);
        Member m = createPendingMember(req);
        saveMember(m);
        Events.raise(new MemberRegisteredEvent(m)); // 이벤트 발생
    }
    …
}
```

이 코드를 보면 Member를 저장한 뒤에 MemberRegisteredEvent가 발생하고 있다. 회원에게 SMS로 통지하는 코드는 없다. SMS로 통지하는 코드는 이벤트를 수신하는 리스너에 위치한다.

```
public class MemberEventListener {
    public void handle(MemberRegisteredEvent event) {
        …SMS 전송 코드 위치
    }
}
```

바뀐 구조는 [그림 5-5]와 같다.

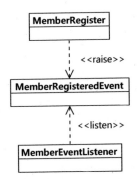

그림 5-5 이벤트를 사용하면 결합을 제거할 수 있다.

추상화 타입을 사용해서 결합을 낮춘 경우에도 MemberRegister 클래스가 Notifier 인터페이스에 의존하고 있었다. 반면에 이벤트를 사용한 코드에서 MemberRegister 클래스가 더 이상 통지에 대한 코드에 의존하지 않는다. MemberEventListener도 회원 가입 코드와 관련이 없다. 단지 MemberRegisteredEvent를 수신하면 통지할 뿐이다. 이벤트를 발생시킨 주체에 대한 직접적인 의존이 없다. 이벤트를 사용함으로써 회원 가입과 SMS 통지 코드 간의 결합을 낮췄다. 그리고 응집도는 높아졌다.

추상화·이벤트와 코드 추적

앞의 추상화 예시에서는 MemberRegister 클래스와 SmsNotifier 클래스 사이에 Notifier 인터페이스가 존재한다. 그래서 MemberRegister 클래스 코드를 분석하다가 Notifier#notifyTo( ) 메서드를 따라가더라도 구현을 확인할 수 없는 단점이 있다.

이벤트 예시도 비슷하다. MemberRegister 클래스와 MemberEventListener 클래스 사이에 MemberRegisteredEvent 클래스가 존재한다. MemberRegister 코드만으로는 이벤트가 발생한다는 것만 알 수 있을 뿐 통지한다는 사실은 알 수 없다. 이벤트를 수신해서 처리하는 코드를 찾아야만 통지한다는 것을 확인할 수 있다.

결합도를 낮추기 위해 추상화 타입을 중간에 위치시키거나 이벤트를 사용하면 두 코드를 직접 연결하지 않고 간접적으로 연결하게 된다. 두 코드가 간접적으로 연결되어 있기 때문에 직접 연결된 코드에 비해 코드를 분석하는 데 더 많은 노력이 들어간다. 또한 새로운 타입이 추가되어 구조도 약간 복잡해진다.

따라서 추상화나 이벤트를 적용할 때는 결합도 감소, 응집도 증가, 변경 비용 감소, 테스트 가능성 등 얻을 수 있는 이점을 따져봐야 한다. 이점이 별로 없다면 추상화 타입을 사용하지 않고 구현만 분리해서 응집도를 높이는 것도 좋은 선택이 될 수 있다.

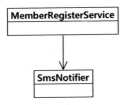

그림 5-6 당장 추상화의 이점이 크지 않다면 구현을 분리해서 응집도만 높여도 좋다.

결합 유형

결합은 다양한 형태로 존재한다. 어떤 형태의 결합이 존재하는지 알면 결합도를 높이지 않는 방향으로 코드를 작성하는 데 도움이 된다. 위키피디아나 설계 관련 책을 보면 여러 가지 결합 유형을 소개하고 있다. 여기서는 자주 발생하는 결합 유형에 대해 알아보자.

공통 결합common coupling은 여러 모듈이 동일한 글로벌 데이터에 접근할 때 발생한다. 여러 기능이 글로벌 데이터에 직접 접근하기 때문에 글로벌 데이터에서 변경이 발생하면 예측하기 힘든 문제가 생길 수 있다. 예를 들어 회원·주문·상품 모듈이 모두 고객 데이터에 직접 접근하여 변경할 수 있다고 하자. 이때 고객 데이터는 글로벌 데이터가 된다. 이러한 상황에서 회원 모듈이 고객 데이터의 특정 속성에 추가적인 의미를 부여하면 해당 속성을 사용해서 로직을 수행하는 주문 또는 상품 모듈에서 에러가 발생하거나 비정상적으로 동작할 수 있다.

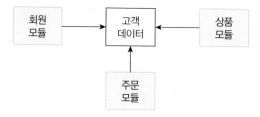

그림 5-7 공통 결합은 데이터의 의미나 속성이 바뀌면 많은 모듈에 영향을 준다.

다음 코드를 보자.

```
public void saveContractCancel(CancelDto dto) {
    if (dto.getConfirmYn().equals("Y")) {
        …취소 확정 로직 코드
    } else if (!dto.getConfirmYn().equals("Y")) {
        …취소 완료 로직 코드
    }

    if (dto.getConfirmYn().equals("Y")) {
        …취소 확정 관련 후처리 로직
    }
}
```

이 코드에서 saveContractCancel( ) 메서드는 파라미터로 전달받은 값(con-firmYn)이 "Y"인지 아닌지에 따라 취소 확정이나 취소 완료 로직을 수행한다. 즉 saveContractCancel( ) 메서드를 호출하는 쪽에서 confirmYn 값으로 무엇을 전달하는지에 따라 saveContractCancel( ) 메서드 동작이 달라진다.

이렇게 한 모듈이 다른 모듈의 흐름을 제어할 때 발생하는 결합을 제어 결합 control coupling이라고 한다. 무엇을 할지를 전달하는 형태로 흐름을 제어하는데 보통 파라미터를 사용해서 정보를 전달한다. 제어 결합은 내부 동작 방식을 외부에 노출해서 결합도를 높인다.

하위 클래스 결합은 하위 클래스와 상위 클래스 간의 관계를 설명한다. 하위 클래스가 상위 클래스에 의존하고 상위 클래스는 하위 클래스에 의존하지 않는다. 하지만 상위 클래스 기능을 사용하는 하위 클래스가 많을수록 상위 클래스를 수정하기 어려워진다. 상위 클래스를 수정하면 하위 클래스에 많은 영향을 주기 때문이다.

> 💡 **상속보다는 조립(Composition over inheritance) 원칙**
>
> 상속을 생각하기 전에 조립을 먼저 고려하라는 원칙이다. 상속은 두 요소(상위 클래스와 하위 클래스) 간 강한 결합을 발생시키는 데 조립을 사용하면 상속에 비해 결합도를 낮출 수 있다.

시간적 결합temporal coupling은 단지 함께 실행해야 하므로 두 기능을 한 모듈에 묶을 때 발생한다. 추상화 예시에서 살펴봤던 회원 가입도 시간적 결합에 해당한다. 회원 데이터를 저장하는 기능과 문자를 전송하는 기능을 함께 실행하기 위해 회원 가입 기능에 묶여 있다. 이런 형태의 결합은 추상화나 이벤트 같은 방법으로 결합을 낮출 수 있다. 지켜야 하는 실행 순서도 시간적 결합에 해당한다. 예를 들어 반드시 init( ) 메서드를 먼저 호출한 뒤에 play( ) 메서드를 실행해야 한다면 이것은 시간적 결합을 갖는다.

논리 결합logical coupling 또는 변경 결합change coupling은 두 모듈 간의 변경 패턴이 존재할 때 발생한다. 만약 모듈·시스템 데이터를 변경할 때 다른 모듈·시스템 데이터도 함께 변경해야 한다면 논리 결합이 발생한다. 예를 들어 회원 시스템에서 회원 이메일 주소를 변경했을 때 포인트 시스템의 이메일 주소도 함께 변경해야 하면 두 시스템은 논리적으로 결합하고 있다고 할 수 있다.

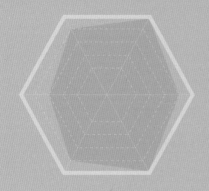

6장

리팩터링

● 레거시와 수정 공포

● 기초 리팩터링 기법

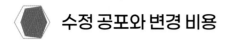# 수정 공포와 변경 비용

기가 막힌 온라인 서비스 아이디어가 떠올랐다고 해보자. 아이디어를 실현하려면 소프트웨어를 만들어야 한다. 혼자 하든 외주 업체에 맡기거나 동업자를 구하든 간에 소프트웨어를 구현할 개발팀을 꾸리고 서비스를 만들기 시작한다. 서비스가 완성되고 고객을 모으는 데 성공한다면 서비스는 생존한다. 이렇게 생존한 서비스는 시장에서 경쟁력을 유지하기 위해 지속해서 기능을 추가하고 변경 작업을 거친다. 어느덧 서비스를 개발한 지 5년이 흘렀다. 그리고 코드는 레거시가 되었다.

레거시는 오래되었지만 여전히 사용되고 있는 코드를 말한다. 이런 레거시를 바라보는 개발자의 감정이 좋지만은 않다. 레거시를 좋아하고 반기는 개발자는 흔치 않다. 아니 레거시를 싫어한다고 보는 게 맞다. 개발자는 레거시에 대해 많은 부담을 갖는다.

> ### 📑 레거시에 대한 정의
>
> 레거시 시스템은 오래된 하드웨어에서만 동작하거나 현재는 사용되지 않은 기술로 만들어진 시스템을 말한다. 레거시 시스템은 최신 하드웨어에서 동작하지 않거나 새로운 기술을 적용하기 어렵다. 레거시 시스템을 구동할 하드웨어가 더 이상 생산되지 않으면 완전히 새로 만들어야 레거시 시스템을 변경할 수 있다.
>
> 반면에 레거시 코드는 단순히 예전 방식으로 만들어진 코드만을 지칭하는 것이 아니다. 테스트가 없는 코드를 레거시 코드로 부르기도 하고 이전 버전의 프레임워크를 사용해서 개발한 코드를 의미하기도 한다. 심지어 남이 만든 코드를 레거시 코드라고 부르기도 한다.
>
> 레거시에 대한 정의가 무엇이든 간에 하나의 공통점이 있다. 그것은 바로 레거시는 수정하기 어렵다는 것이다.

개발자는 왜 레거시에 부담을 느낄까? 다음은 레거시에서 나타나는 흔한 특성이다. 이런 특성은 개발자가 코드를 변경할 때 큰 부담을 주는데 앞에서 봤던 응집도가 높고 결합도가 낮은 코드와는 반대되는 결과를 낳는다.

- 긴 클래스, 긴 메서드
- 복잡한 코드
- 이상한 이름
- 많은 중복
- 테스트 코드 없음

이런 특징은 코드 수정을 어렵게 만든다. 일단 코드를 분석하는 데 많은 노력이 들어간다. 이상한 이름과 긴 코드는 가독성을 떨어뜨리고 복잡한 if-else와 분산된 로직은 코드 추적을 어렵게 만든다.

그림 6-1 레거시 코드 수정과 악순환

이 상태에서 새로운 요구가 들어온다. 요구를 충족하려면 기존 코드를 분석해야 한다. 하지만 항상 그렇듯 일정상 여유가 없다. 코드를 완벽하게 이해하지 못한 상태에서 코드를 수정해야 한다. 테스트 코드도 없어서 수정한 코드가 기존 기능에 어떤 영향을 끼칠지도 알 수 없다.

당연히 이런 상황에서 기존 코드 수정은 매우 두려운 일이 된다. 오죽하면 잘 동작하는 코드는 건들지 말라는 말을 농담 반 진담 반으로 할까? 개발자는 잘 동작하는 코드는 건들지 않고 기존 코드에 새 코드를 덧댄다. 기존 코드를 복사해서 붙여넣기 한 다음 일부 코드만 수정하거나, if-else 블록 안에 새로운 if-else 블록을 중첩하는 식으로 말이다. 기존 메서드와 클래스는 최대한 유지하면서 그 안에 코드를 추가한다.

이런 작업은 코드를 더 길고 복잡하게 만든다. 중복된 코드도 늘어나고 이상한 이름도 그대로 사용한다. 결국 레거시 코드를 더 이해하기 어렵게 만든다. 악순환이 반복되고 레거시 수정에 대한 공포는 더욱 증폭된다.

악순환은 개발 비용 증가로 이어진다. 마치 공공장소에 떨어져 있는 쓰레기와 같다. 공공장소의 모퉁이에 누군가가 음료 컵을 버렸다고 하자. 이 쓰레기를 치우지 않으면 다른 사람도 같은 위치에 음료 컵을 버리기 시작한다. 더 방치하면 담배꽁초 같은 다른 쓰레기도 추가된다. 1개였던 쓰레기는 어느 순간 쓰레기 더미로 바뀐다.

쓰레기가 1~2개일 때 보다 쓰레기 더미를 치우는 게 힘들다. 비슷하게 코드 덧대기가 쌓여 누더기가 된 코드는 수정이 힘들다. 악순환이 지속될수록 코드 수정 비용은 점점 증가한다.

코드 수정이 힘든 레거시는 피하고 싶지만 우리는 누구나 레거시를 만난다. 10년 전에 만들어져 지금까지 운영 중인 시스템을 만날 때도 있고, 남들은 쓰지 않은 기술을 사용한 시스템을 만날 때도 있다. 하지만 이것만이 레거시가 아니다. 불과 몇 달 전에 내가 만든 코드도 레거시가 될 수 있다. 내가 만든 코드지만 수정하기 두렵다면 그게 바로 레거시다.

▶ 레거시를 수정한다는 것은 두려운 일이다.

🗒️ 레거시는 폄하 대상이 아니다.

가끔 레거시 코드를 무시하는 개발자를 만날 때가 있다. 회사 코드가 최악이라거나 다시 만들면 그거보다 더 잘 만들 수 있다는 식으로 말이다. 물론 틀린 말이 아닐 수도 있지만, 이런 말을 하는 개발자 중 기존 코드를 더 낫게 개선할 수 있는 사람은 많지 않았다. 더 좋게 개선하지도 못하는데 새로 잘 만들 수 있을까?

복잡하고 수정하기 힘든 레거시 코드를 만나면 당연히 투덜댈 수 있다. 하지만 레거시는 폄하 대상이 아니다. 레거시가 있었기에 서비스가 굴러가고 수익이 난 것이다. 그리고 모든 코드에는 나름의 사정이 있다. 그러니 레거시를 만나면 다음처럼 생각해보자.

"개선할 거리가 있다. 해보자!"

# 리팩터링

앞서 코드를 수정하기 어려워서 코드를 덧대고, 덧댄 코드가 많아지다 보니 코드 분석이 어려워진다고 언급했었다. 이처럼 코드를 덧대면서 수정 비용이 점점 증가하는 악순환을 막을 수 있는 해결 방법을 찾아야 한다. 코드 수정 비용을 낮추려면 결국 코드를 수정하기 쉬운 구조로 바꿔야 한다. 그 방법 중 하나가 리팩터링Refactoring이다.

리팩터링은 외부로 드러나는 동작이나 기능을 변경하지 않고 내부 구조를 변경해서 재구성하는 기법이다. 리팩터링은 새로운 기능을 추가하거나 기존 기능을 개선하지 않는다. 그래서 겉으로 드러나는 이점이 없다. 하지만 리팩터링을 하고 나면 장기적 관점에서 이점이 생긴다. 코드 가독성이 높아지고 리팩터링 이전보다 구현 변경과 확장이 용이해진다. 이러한 변화는 단기적으로는 수정 비용을 낮춰주고 장기적으로는 개발 비용을 줄여준다.

리팩터링에는 다양한 기법이 존재하는데 이 책에서는 기본적인 기법을 소개할 것이다. 이 외에 더 많은 기법과 과정이 궁금하면 마틴 파울러가 쓴 『리팩터링 2판』(한빛미디어, 2020)을 읽어보자.

> ### 📋 리팩터링과 테스트
>
> 리팩터링은 기존 동작은 그대로 유지하면서 내부 구조를 바꾸는 기법이다. 내부 구현을 변경했는데 다르게 동작하면 안 되기 때문에 리팩터링을 하고 나면 기존과 동일하게 동작하는지 확인해야 한다. 코드를 수정할 때마다 수동으로 확인하다 보면 시간이 오래 걸리고 특정 조건에서의 검증을 놓치기 쉽다. 따라서 테스트 코드를 사용해서 검증하는 게 좋다.

물론 레거시 코드에 대한 테스트 코드를 만드는 게 쉽지는 않다. 그래도 테스트 코드를 만들기 위해 노력해야 한다. 일단 테스트 코드를 만들고 나면 리팩터링을 더욱 안전하게 진행할 수 있다. 테스트 코드를 만드는 데 들어가는 시간이 길게 느껴질 수 있지만 리팩터링으로 얻는 장기적인 효과가 더 크다면 시간을 들일 만한 가치가 있다.

경우에 따라 코드를 수정하지 않고서는 테스트 코드를 만들 수 없을 때도 있다. 테스트 코드 없이 리팩터링을 하면 부담될 것이다. 하지만 리팩터링을 하지 않는 것보다 하는 게 낫다. 테스트 코드를 만들지 못해도 리팩터링을 시도해야 한다. 현재의 위험을 회피하다 보면 미래에 더 큰 위험으로 다가오기 때문이다.

미사용 코드 삭제

가장 쉽지만 가장 부담되는 리팩터링이 코드 삭제다. 삭제 대상이 될 수 있는 흔한 예가 주석 처리된 코드이다. 주석 처리된 코드는 지금 사용하지 않는 코드임이 분명하다. 소스 변경 내역을 보면 얼마나 오래전부터 사용하지 않고 있는지도 분명히 알 수 있다. 그런데도 다음과 같은 이유로 주석 처리된 코드를 삭제하지 못하는 개발자가 많다.

- 왜 주석 처리했는지 몰라서…
- 나중에 다시 사용할지 몰라서…

이런 이유로 삭제하기 두렵다면 해당 코드에 TODO 주석을 추가하자.

```
// TODO 삭제 대상 2023-05-01 사용하지 않음
// someDeletingCode
// anyCode()
```

앞의 코드처럼 'TODO 삭제 대상 일자 이유' 형식의 주석을 추가하자. 여기서 일자는 TODO 주석을 추가한 날이다. 이렇게 삭제 대상 문구와 TODO 주석을 추가한 일자를 포함해서 주석을 달면 이후에 삭제할 마음을 먹는 데 도움이 된다. 삭제 대상 TODO를 검색한 다음 주석에 적힌 일자가 6개월이 지났다면 그동안 사용되지 않은 게 확실하다 보니 과감하게 삭제할 수 있다.

사용하지 않는 변수 삭제도 가장 쉽게 할 수 있는 리팩터링이다. 개발 도구로 사용하지 않는 변수를 쉽게 확인할 수 있다. 변수가 많을수록 코드를 분석하는 데 더 많은 시간이 소요되므로 변수는 적을수록 좋다. 그래서 사용하지 않는 변수는 삭제해야 한다. 예를 들어 아래 코드처럼 특정 변수를 초기화하고 나서 해당 변숫값을 사용하지 않는다면 초기화를 포함한 변수 선언 코드를 삭제해야 한다.

```
private void someMethod() {
    int threshold = 100; // 이 줄을 삭제
    …이후 메서드가 끝날 때까지 threshold 변수를 사용하지 않음
}
```

그런데 미사용 변수를 삭제할 때 주의할 점이 있다. 예를 들어 다음 코드를 보자.

```
private void someMethod() {
    int threshold = calculateThreshold(); // 이 줄을 삭제하면 안 됨!
    …이후 메서드가 끝날 때까지 threshold 변수를 사용하지 않음
}

private int calculateThreshold() {
    if (this.policy == NOT_THRESHOLD) {
        this.calculated = true;
        return -1;
    } else {
```

```
        return this.maxSize * 16;
    }
}
```

이 코드는 calculateThreshold( ) 메서드의 리턴 결과를 threshold 변수에 할당하는데 이후 threshold 변수를 사용하지 않는다. 그렇다고 해서 threshold 변수를 선언한 줄을 전부 삭제하면 안 된다. calculateThreshold( ) 메서드를 호출하는 과정에서 특정 상태 값이 바뀌기 때문이다. 즉 threshold 변수는 사용하지 않더라도 calculateThreshold( ) 메서드는 실행해야 한다. 따라서 위 코드는 변수 선언만 삭제해야지 calculateThreshold( ) 메서드를 호출하는 코드 자체를 삭제하면 안 된다.

사용하지 않는 파라미터, 사용하지 않는 메서드, 사용하지 않는 클래스 모두 삭제 대상이다. 메서드나 클래스 전체를 주석 처리하고 일정 기간이 지난 뒤에 삭제한다.

> **📝 미사용 코드 삭제 시 주의 사항**
>
> 메서드와 클래스를 삭제할 때는 리플렉션으로 접근하는 코드인지 확인해 봐야 한다. 예를 들어 런타임에 호출할 객체와 메서드 이름을 데이터베이스에 저장하는 시스템이 있다고 해보자. 이런 시스템에서는 소스 파일만 뒤져서 해당 클래스를 사용하는 위치를 찾아내기 어렵다. 실수로 리플렉션으로 사용하고 있는 코드를 지우면 런타임에서 클래스나 메서드를 찾을 수 없다는 에러가 발생하는데 이 에러를 확인하고 나서야 사용하고 있는 코드를 지웠다는 사실을 알게 된다.

매직 넘버

다음 코드를 보자.

```
if (NumberUtils.anyMatch(boilerType, 19, 20)) {
    return true;
}
```

이 코드는 boilerType이 19나 20 중 하나와 일치하는지를 검사한다. 여기서 문제가 되는 코드는 19와 20이다. 처음 업무를 맡아 코드를 읽으면 두 정숫값이 각각 무엇을 의미하는지 알 수 없기 때문이다. 흔히 이렇게 값을 갖는 숫자를 매직 넘버magic number라고 표현한다. 매직 넘버는 그 값이 무엇을 의미하는지 유추하기 어렵기 때문에 정확하게 코드 의미를 이해하려면 여러 다른 요소를 함께 분석해야 한다.

위 코드를 다음과 같이 변경하면 어떨까?

```
if (NumberUtils.anyMatch(boilerType, GAS_BOILER, INDUSTRIAL_BOILER)) {
    return true;
}
```

이 코드를 보면 boilerType이 GAS_BOILER(가스보일러)나 INDUSTRIAL_BOILER(산업용 보일러)인 경우 true를 리턴한다는 것을 이해할 수 있다. 19, 20과 같은 숫자가 아니라 이름을 사용했기에 코드 의미가 더 잘 드러난다. GAS_BOILER나 INDUSTRIAL_BOILER의 실제 값은 상수로 정의한다.

```
public static final GAS_BOILER = 19;
public static final INDUSTRIAL_BOILER = 20;
```

열거 타입을 사용하면 관련 상수를 한곳에 모을 수도 있다.

```java
public enum BoilerType {
    GAS(19), INDUSTRIAL(20);

    private int code;

    BoilerType(int code) {
        this.code = code;
    }

    public int code() {
        return code;
    }
}
```

문자열로 된 매직 넘버(문자열)도 동일하게 상수나 열거 타입을 사용해서 이름을 부여하는 방법으로 특정 값의 의미를 드러낼 수 있다. 의미가 드러나는 이름을 사용하면 코드 가독성이 높아지고 분석 시간이 줄어든다.

📋 이름에 코드 값 함께 쓰기

매직 넘버를 상수나 열거 타입으로 바꿔서 이름을 부여하면 의미가 잘 드러난다. 그런데 코드를 분석하다 보면 "그래서 GAS의 실제 값은 뭐지?"라는 생각이 들 때가 많다. 그럴 때 선언 위치로 이동해서 값을 확인한다. 개발 도구에 따라 이름에 마우스 커서를 갖다 대면 선언 내용을 보여주기도 한다. 하지만 나는 이름의 실제 값을 보기 위해 추가 행위를 하는 게 귀찮았다. 그래서 다음과 같이 이름 뒤에 실제 값을 포함해서 코드를 작성하기도 했다.

```java
public enum BoilerType {
    GAS_19(19), INDUSTRIAL_20(20);

    …
}
```

이름 변경

보이는 이름과 실제 의미가 일치하지 않으면 코드를 분석할 때 혼란을 겪게 된다. 4장에서 언급한 코드를 다시 보자.

```
…
List<Input> inputs = selectInput(inputList);
…
```

이름만 보면 selectInput 메서드는 어떤 것을 조회해서 리턴할 것 같다. 그런데 실제로는 데이터를 데이터베이스에 저장하고, 저장된 대상을 리턴하고 있다고 가정해보자. 코드를 분석하는 개발자는 selectInput 메서드의 구현 코드를 보기 전까지는 이 메서드가 데이터베이스에 데이터를 저장한다고 유추하지 못한다. selectInput을 saveInput으로 바꿔보자.

```
…
List<Input> inputs = saveInput(inputList);
…
```

이제 메서드 이름만으로도 파라미터로 받은 값을 사용해서 저장한다는 사실을 유추할 수 있다. 만약 성공한 결과만 걸러서 저장하고, 저장한 목록을 리턴한다면 어떨까? saveInput만으로는 이 사실이 잘 드러나지 않는다. 이름을 한번 더 바꿔보자.

```
...
List<Input> savedInputs = filterAndSaveSuccessInput(inputList);
...
```

이름이 다소 길어졌는데 이름만으로도 성공한 결과만 추려서 저장한다는 것을 어느 정도 유추할 수 있다. 또한 기존에 inputs였던 변수 이름도 '저장된'이란 의미를 갖도록 savedInputs로 바꿨다. 이름은 짧을수록 좋지만 이름을 짧게 만들어 너무 많은 의미가 생략된다면 짧은 이름보다 차라리 긴 이름이 낫다.

이름 변경은 가장 쉬우면서도 개발 도구가 가장 잘 지원하는 리팩터링이기도 하다. 의미가 잘 드러나지 않는 이름을 만나면 좀 더 알맞은 이름으로 변경하는 시도를 지속해보자. 그만큼 코드 가독성이 좋아진다.

> ### 🗒️ 이름 짓기
>
> 이름을 결정하는 과정은 언제나 힘들다. 코드는 영어로 작성하는데 모두가 영어를 완벽하게 잘하는 건 아니므로 영어단어를 잘못 선택하기도 한다. 우리말을 영어로 번역하는 과정은 힘듦을 넘어 고통스럽기도 하다. 그런데도 어쨌든 지금 알맞다고 생각되는 단어를 골라 사용해야 한다. 단어를 고르는 데 어려움이 있다면 시간을 많이 낭비하지 말고 일단 당장 생각나는 단어를 사용해서 구현하자. 대신 주석으로 어떤 의미인지 적어 놓으면 된다. 이후 더 나은 단어가 떠오르면 그때 이름을 바꾸는 리팩터링을 하자.
>
> 다행인 점은 번역기가 점점 훌륭해지고 있다는 점이다. 한영사전과 함께 번역기를 적극적으로 이름 짓는 데 활용하자.

메서드 추출

이름 변경 다음으로 많이 하는 리팩터링은 메서드 추출이다. 메서드 추출을 잘 활용하면 코드 가독성이 높아진다.

```
public void register(RegisterRequest req) {
    int sameIdCount = userRepository.countById(req.getId());
    if (sameIdCount > 0) throw new DupIdException();

    ...
}
```

```
public void register(RegisterRequest req) {
    checkSameIdExists(req.getId());
    ...
}

private void checkSameIdExists(String id) {
    int sameIdCount = userRepository.countById(req.getId());
    if (sameIdCount > 0) throw new DupIdException();
}
```

그림 6-2 메서드 추출을 사용하면 코드 가독성과 응집도가 높아진다.

메서드 추출은 [그림 6-2]처럼 관련 코드를 묶어서 별도 메서드로 추출하는 방법이다. 메서드 추출은 논리적으로 하나의 작업을 수행하는 코드를 대상으로 한다. 추출한 메서드에 알맞은 이름을 부여함으로써 가독성이 좋아지고, 관련 코드가 한 메서드에 모이면서 코드도 더 응집된다.

메서드를 추출하기 좋은 대상은 if-else의 각 블록에 있는 코드이다. 다음 코드를 보자.

```
if (req.isNoCheck()) {
    burner.changeNoCheck();
    safeCheckVisitAppender.appendCheckVisit(burner);
} else {
    String checkResult = CheckResultRule.decideResult(req.getCheckValues());
    CheckResult checkResult = CheckResult.builder()
            .lastResult(checkResult)
            …생략
            .build();
```

```
    burner.saveCheckResult(safeCheck);
    safeCheckVisitAppender.appendCheckVisit(burner);
}
```

이 코드에서 if 블록은 검사를 하지 않았을 때(noCheck) 로직을 수행하고 else 블록은 검사를 했을 때의 로직을 수행한다. if 블록과 else 블록이 서로 다른 로직을 수행하기 때문에 각 블록을 별도 메서드로 추출하면 코드 구조를 개선할 수 있다.

```
if (req.isNoCheck()) {
    changeBurnerToNoCheck(burner);
} else {
    updateBurnerCheckResult(burner, req);
}
```

메서드 추출 리팩터링의 매력에 빠져들면 코드가 길든 짧든 계속 메서드를 추출하고 싶은 욕구에 사로잡힐 수 있다. 하지만 무턱대고 메서드를 추출하면 안 된다. 가독성이나 응집도가 좋아지는 방향으로 메서드를 추출해야 한다. 과할 정도로 메서드 추출을 많이 하면 오히려 코드 분석이 어려워질 수도 있다. 조금은 부족해 보이더라도 메서드가 비교적 의미를 잘 드러내고, 코드를 자연스럽게 읽을 수 있다면 적정선에서 메서드 추출을 멈춰도 괜찮다.

> ### 📝 메서드를 추출할 때 주의할 점
>
> 메서드 추출을 잘못하면 오히려 코드를 탐색하는 데 부담이 증가하고 가독성이 떨어지며 코드를 추적하기가 어려워질 수 있다. 이런 증상이 나타나는 주된 이유는 메서드로 추출한 코드 블록이 개념적으로 구분되는 로직이 아니기 때문이다. 이럴 때는 일단 추출한 메서드를 인라인inline해서 원래 메서드로 다시 코드를 옮긴다. 그리고 코드를 분석해서 관련된 코드 묶음을 다시 찾아서 적절한 메서드로 추출해야 한다.

클래스 추출

다음 코드에서 provideServicePeriod( ) 메서드는 로그인 일자를 기준으로
특정 주문의 서비스 기간을 알려주는 기능을 구현한 것이다.

```
public void provideServicePeriod(Long ordNo, LocalDate loginDate) {
    Order order = getOrder(ordNo);
    Period period = null;
    if (order.getGubun().equals("A")) {
        …생략
        period = Period.of(order.getOrderDate(), YearMonth.from(…생략));
    } else {
        if (order.getUnit().equals("D")) {
            …생략 (order.getQuantity() 사용)
            period = Period.of(loginDate, …생략);
        } else if (order.getUnit().equals("M")) {
            …생략 (order.getQuantity() 사용)
            period = Period.of(loginDate, …생략);
        }
    }
    updatePeriod(order.getNo(), period.getSdate(), period.getEdate());
}
```

중간에 Period를 구하는 코드가 있다. 여기에서는 생략된 부분이 많지만 실제
로 Period를 구하는 로직이 30줄 이상 된다고 가정해보자. 그러면 다음처럼
메서드 추출을 할 수 있다.

```
public void provideServicePeriod(Long ordNo, LocalDate loginDate) {
    Order order = getOrder(ordNo);
    Period period = calculatePeriod(order, loginDate);
    updatePeriod(order.getNo(), period.getSdate(), period.getEdate());
}

private Period calculatePeriod(Order order, LocalDate loginDate) {
    if (order.getGubun().equals("A")) {
```

```
            return calculatePeriodOfAOrder(order.getOrderDate());
    } else {
        if (order.getUnit().equals("D")) {
            return calculateDayPeriod(loginDate, order.getQuantity());
        } else {
            return calculateMonthPeriod(loginDate, order.getQuantity());
        }
    }
}
```

… calculatePeriodOfAOrder(), calculateDayPeriod(), calculateMonthPeriod() 메서드

리팩터링한 코드는 calculatePeriod 메서드를 호출할 때 로컬 변수인 order
와 파라미터로 전달받은 loginDate를 재전달하고 있다. calculatePeriod( )
메서드 또한 내부에서 다른 메서드를 호출할 때 파라미터로 전달받은 order의
속성을 전달하거나 loginDate 파라미터를 재전달했다. 메서드 추출로 코드를
정리했지만 파라미터 전달 관계가 복잡해졌다.

또 하나 생각할 점은 Period를 구하는 로직은 calculatePeriod( ) 메서드의 전
체 로직 중 구분되는 일부 로직이라는 것이다. calculatePeriod( ) 메서드는
다음의 3가지 로직으로 구성되어 있다.

- Order를 구한다.
- Order와 loginDate를 이용해서 Period를 계산한다.
- Period를 수정한다.

여기서 Period를 계산하는 로직을 중첩된 메서드로 추출했다. 그런데 메서드
를 중첩하여 추출하는 과정에서 파라미터로 값을 전달하는 과정이 복잡해졌
다. 이렇게 된 이유는 로직을 구현한 코드가 길고 로컬 변수를 사용하기 때문
이다. 이런 경우 메서드 추출 대신 클래스 추출을 고려해 볼 수 있다.

다음은 계산 로직을 별도 클래스로 분리한 예시이다. 계산에 필요한 order와 loginDate는 생성자를 통해 전달받아 해당 클래스의 필드에 보관되고 있다.

```java
public class PeriodCalculator {
    private Order order;
    private LocalDate loginDate;

    public PeriodCalculator(Order order, LocalDate loginDate) {
        this.order = order;
        this.loginDate = loginDate;
    }

    public Period calculate() {
        Period period = null;
        if (order.getGubun().equals("A")) {
            …생략
            period = Period.of(order.getOrderDate(), YearMonth.from(…생략));
        } else {
            if (order.getUnit().equals("D")) {
                …생략 (order.getQuantity() 사용)
                period = Period.of(loginDate, …생략);
            } else if (order.getUnit().equals("M")) {
                …생략 (order.getQuantity() 사용)
                period = Period.of(loginDate, …생략);
            }
        }
    }
}
```

기존 코드는 분리한 클래스를 사용하면 된다.

```java
public void provideServicePeriod(Long ordNo, LocalDate loginDate) {
    Order order = getOrder(ordNo);
    Period period = new PeriodCalculator(order, loginDate).calculate();
    updatePeriod(order.getNo(), period.getSdate(), period.getEdate());
}
```

클래스로 추출한 PeriodCalculator 클래스의 calculate( ) 메서드를 다시 메서드 추출로 리팩터링해보자. 리팩터링한 결과는 다음과 같다. 이전과 달리 추출한 메서드를 호출할 때 파라미터로 전달하는 값이 없어 코드가 이전보다 단순해졌다.

```java
public class PeriodCalculator {
    private Order order;
    private LocalDate loginDate;

    …생략

    public Period calculate() {
        if (order.getGubun().equals("A")) {
            return calculatePeriodOfAOrder();
        } else {
            if (order.getUnit().equals("D")) {
                return calculateDayPeriod();
            } else {
                return calculateMonthPeriod();
            }
        }
    }

    private Period calculatePeriodOfAOrder() {
        …생략
        return Period.of(order.getOrderDate(), YearMonth.from(…생략));
    }

    private Period calculateDayPeriod() {
        …생략 (order.getQuantity() 사용)
        return Period.of(loginDate, …생략);
    }
    …
}
```

로직을 클래스로 추출하면 해당 로직만 따로 테스트할 수 있는 이점도 생긴다.

클래스 분리

한 클래스에 많은 기능이 모여 있으면 각 기능을 별도 클래스로 분리한다. 기능을 분리할 때는 한 번에 다 하기보다 한 기능씩 점진적으로 진행한다. 다음 코드를 보자.

```java
public class MemberService {
    private MemberRepository repository;

    public void create(CreateRequest req) {
        …
        repository.save(member);
    }

    …메서드 많음
}
```

MemberService 클래스는 create( )를 포함한 회원과 관련된 많은 기능을 구현하고 있다. 한 클래스에 많은 기능이 모여 있으면 클래스가 커지면서 복잡도가 증가하고 코드 분석이 어려워진다. 이럴 땐 클래스의 기능 일부를 분리하면 복잡도를 낮추면서 코드 분석의 어려움을 낮출 수 있다.

다음은 create( ) 메서드를 CreateMemberService 클래스로 옮긴 예시이다.

```java
public class CreateMemberService {
    private MemberRepository repository;

    public void create(CreateRequest req) {
        …
        repository.save(member);
    }
}
```

```
public class MemberService {
    private MemberRepository repository;

    // create() 메서드는 삭제함
    ...메서드 많음
}
```

MemberService의 create( ) 메서드를 호출했던 코드를 CreateMemberService의 create( ) 메서드를 호출하도록 변경한다.

클래스 추출과 마찬가지로 분리한 클래스는 코드 줄 수가 줄어들고 한 기능에 초점을 맞추고 있기 때문에 후속 리팩터링이 더 쉬워진다.

메서드 분리

다음 코드를 보자.

```
public void saveContractCancel(CancelDto dto) {
    if (dto.getConfirmYn().equals("Y")) {
        ...취소 확정 로직 코드
    } else if (!dto.getConfirmYn().equals("Y")) {
        ...취소 완료 로직 코드
    }

    if (dto.getConfirmYn().equals("Y")) {
        ...취소 확정 관련 후처리 로직
    }
}
```

이 코드에서 saveContractCancel( ) 메서드는 취소 확정과 취소 완료라는 서로 다른 기능을 구현하고 있다. 서로 다른 기능을 한 메서드에 구현하면 유사한 if-else가 곳곳에 생겨 코드가 복잡해지고 실행 흐름 추적이 어려워진다. 또한 이 상태에서 메서드 추출 같은 리팩터링을 하면 가독성은 개선되지 않고 구조만 더 복잡해질 수 있다.

이렇게 메서드가 완전히 구분되는 기능을 구현하고 있는 경우에는 각 기능을 구현하는 메서드를 따로 만들고 분리해서 기능별로 응집도를 높여야 한다.

그림 6-3 한 메서드가 서로 다른 기능을 제공하고 있다면 기능마다 메서드를 만들어 분리한다.

메서드를 분리할 때는 다음 순서대로 진행한다.

1 두 기능 중 한 기능을 위한 메서드를 추가한다. 이 메서드는 내부에서 기존 메서드를 호출한다.

2 기존 메서드를 호출하는 코드가 새 메서드를 호출하도록 변경한다.

3 기존 메서드의 코드를 새 메서드로 이동한다.

4 이름을 변경한다.

5 코드를 정리한다.

앞의 예시를 이 절차에 따라 확정 기능을 분리해보자. 먼저 확정 기능을 위한 메서드를 따로 만들고 이 메서드에서 기존 코드를 호출한다.

```java
// 확정 기능을 위한 메서드 추가
public void saveCancelConfirm(CancelDto dto) {
    this.saveContractCancel(dto); // 기존 메서드 호출
}

public void saveContractCancel(CancelDto dto) {
    if (dto.getConfirmYn().equals("Y")) {
```

```
        …취소 확정 로직 코드
    } else if (!dto.getConfirmYn().equals("Y")) {
        …취소 완료 로직 코드
    }

    if (dto.getConfirmYn().equals("Y")) {
        …취소 확정 관련 후처리 로직
    }
}
```

이제 두 번째 단계이다. 기존 확정 API에서 호출하는 메서드를 변경한다.

```
// 확정 API
// cancelService.saveContractCancel(dto); 기존 코드 주석 처리
cancelService.saveCancelConfirm(dto); // 새 메서드 호출로 변경
```

세 번째 단계를 할 차례다. 기존 메서드 코드를 새 메서드로 이동시킨다.

```
public void saveCancelConfirm(CancelDto dto) {
    if (dto.getConfirmYn().equals("Y")) {
        …취소 확정 로직 코드
    }

    if (dto.getConfirmYn().equals("Y")) {
        …취소 확정 관련 후처리 로직
    }
}

public void saveContractCancel(CancelDto dto) {
    if (!dto.getConfirmYn().equals("Y")) {
        …취소 완료 로직 코드
    }
}
```

네 번째 단계에서는 기존 메서드 이름을 변경한다.

```
// saveContractCancel → saveCancelComplete로 변경
public void saveCancelComplete(CancelDto dto) {
    if (!dto.getConfirmYn().equals("Y")) {
        …취소 완료 로직 코드
    }
}
```

이제 코드 정리를 할 차례다. 분리한 두 메서드에 분기 처리를 위한 코드가 남아 있는데 이 분기 처리 코드를 삭제하면 된다.

```
public void saveCancelConfirm(CancelDto dto) {
    if (dto.getConfirmYn().equals("Y")) {
        …취소 확정 로직 코드
    }

    if (dto.getConfirmYn().equals("Y")) {
        …취소 확정 관련 후처리 로직
    }
}
```

➡

```
public void saveCancelConfirm(CancelDto dto) {
    …취소 확정 로직 코드

    …취소 확정 관련 후처리 로직
}
```

```
public void saveCancelComplete(CancelDto dto) {
    if (!dto.getConfirmYn().equals("Y")) {
        …취소 완료 로직 코드
    }
}
```

➡

```
public void saveCancelComplete(CancelDto dto) {
    …취소 완료 로직 코드
}
```

그림 6-4 분기 처리 코드를 삭제해서 메서드 분리 완료

메서드를 분리하고 이어서 클래스 분리 리팩터링을 해서 코드 응집도를 더 높일 수 있다.

파라미터값 정리

앞서 메서드 분리 리팩터링 예시에서 메서드 분리 결과를 다시 보자.

```
public void saveCancelComplete(CancelDto dto) {
    …취소 완료 로직 코드
}
```

```
public void saveCancelConfirm(CancelDto dto) {
    …취소 완료 로직 코드

}
```

두 메서드의 파라미터 타입은 CancelDto로 같다. 하지만 CancelDto에서 두 메서드가 필요로 하는 데이터는 다르다. 또한 두 메서드에서 사용하지 않는 데이터도 있다. 예를 들어 코드를 정리하기 전 saveCancelComplete( ) 메서드는 dto.getConfirmYn( ) 메서드를 사용하는데 이 데이터는 saveCancel-Complete( ) 메서드에서 더 이상 필요하지 않다.

```
public void saveCancelComplete(CancelDto dto) {
    if (!dto.getConfirmYn().equals("Y")) { // confirmYn은 더 이상 필요하지 않음
        …취소 완료 로직 코드
    }
}
```

메서드에서 사용하지 않는 파라미터 데이터는 제거해야 한다. 사용하지 않는 파라미터값은 코드 분석을 어렵게 만들기 때문이다. 파라미터의 특정 값이 실제로 사용되는지 확인하려면 메서드 자체와 그 메서드가 같은 파라미터를 사용해서 호출하는 메서드까지 흐름에 따라 모든 코드를 뒤져야 한다. 한 타입을 여러 메서드에서 파라미터로 사용하거나, 같은 파라미터 타입이 메서드 호출 흐름대로 전파될수록 어떤 값을 사용하는지 확인하는 과정은 배로 어려워진다.

한 타입을 한 메서드에서만 파라미터로 사용할 경우 상대적으로 사용하지 않는 값을 삭제하기 쉽다. 문제는 여러 메서드에서 한 타입을 파라미터로 사용할 때 발생한다. 여러 메서드가 한 타입을 파라미터로 사용하면 자연스럽게 특정 메서드에서만 필요로 하는 값이 타입에 추가된다. 나머지 메서드에서는 사용

하지 않는 값이 파라미터에 추가되는 것이다. 이렇게 여러 메서드에서 사용하는 값이 추가되면 코드 분석은 점점 어렵게 된다.

📋 파라미터값 정리

여러 메서드에서 한 타입을 파라미터로 사용하고 있다면, 메서드마다 알맞은 파라미터 타입을 추가한다. 이를 위한 과정은 다음과 같다.

1. 메서드 상단에 새 타입을 사용한 객체 생성

2. 메서드가 새 타입 객체를 사용할 때까지 다음 반복

    A. 메서드에서 사용하는 파라미터 프로퍼티를 새 타입 객체에 추가

    B. 메서드에서 새 타입 객체의 프로퍼티를 사용하도록 변경

3. 새 타입 객체를 생성하는 부분을 뺀 나머지를 별도 public 메서드로 추출

4. 메서드 호출을 인라인 처리

5. 과정 3에서 추출한 메서드 이름을 원래 메서드 이름으로 변경

---

for에서 하는 2가지 일 분리

코드를 작성하다 보면 하나의 for 문에서 한 번에 여러 일을 처리하고 싶을 때가 있다. for 문을 두 번 실행하는 것보다 한 번만 실행하는 게 효율적으로 느껴지기도 한다. 다음 코드를 보자.

```
List<StoreApiDto> dtoList = new ArrayList<>();
List<InvoiceDto> invoices = mapper.selectRegularInvoices(cond);
for (InvoiceDto invoice : invoices) {
    try {
        ApporvalResp resp = payGwApi.approve(…); // 결제 시도
        paymentService.saveAfterApproval(resp, …) // 결제 성공 결과 반영
        // 외부 API를 호출할 때 사용할 데이터 생성: 성공용 데이터
        StoreApiDto dto = … // 성공 dto 생성
```

```
            dtoList.add(dto);
        } catch(Exception ex) {
            applyErrorResult(invoice, ex); // 결제 실패 결과 반영
            StoreApiDto dto = … // 실패 dto 생성
            dtoList.add(dto);
        }
    }
    if (dtoList.size() > 0) {
        callStoreApi(dtoList); // 외부 API 호출: 성공/실패 전달
    }
```

이 코드는 각 청구(invoice) 목록을 구한 뒤, 각 청구에 대한 결제를 시도한다. 결제가 성공하면 성공 결과를 반영하고, 외부 시스템에 성공 결과를 전달할 때 사용할 StoreApiDto 객체를 생성해서 dtoList에 추가한다. 결제가 실패하면 실패 결과를 반영하고, 외부 시스템에 실패 결과를 전달할 때 사용할 StoreApiDto 객체를 생성해서 dtoList에 추가한다.

이 코드에서 for 문은 다음 2가지 작업을 하고 있다.

- 청구에 대한 결제 시도 후 성공·실패 결과 반영
- 외부 시스템에 전달할 StoreApiDto 객체 생성

여기에 결제 결과를 엑셀로 생성해서 메일로 발송해 달라는 추가 요청이 들어왔다고 가정하자. 아마도 [그림 6-5]처럼 코드 사이사이에 엑셀 관련 코드가 추가될 것이다.

```
                              List<StoreApiDto> dtoList = new ArrayList<>();
액셀 생성 코드 추가  ──→  List<InvoiceDto> invoices = mapper.selectRegularInvoices(cond);
                              for (InvoiceDto invoice : invoices) {
                                  try {
                                      ApporvalResp resp = payGwApi.approve(...); // 결제 시도
                                      paymentService.saveAfterApproval(resp, ...) // 결제 성공 결과 반영
                                      // 외부 API를 호출할 때 사용할 데이터 생성: 성공용 데이터
                                      StoreApiDto dto = ... // 성공 dto 생성
액셀 생성 코드 추가  ──→      dtoList.add(dto);
                                  } catch(Exception ex) {
                                      applyErrorResult(invoice, ex); // 결제 실패 결과 반영
                                      StoreApiDto dto = ... // 실패 dto 생성
액셀 생성 코드 추가  ──→      dtoList.add(dto);
                                  }
                              }
액셀 이메일 발송 코드  ──→
```

그림 6-5 for 문이 여러 가지 일을 하면 코드가 복잡해진다.

이렇게 하나의 for 문에서 여러 가지 작업을 실행하면 서로 다른 목적을 가진 코드가 뒤섞일 수 있다. 서로 다른 목적의 코드가 뒤섞이면 코드 복잡도가 증가하고 코드를 이해하기가 어려워진다.

for 문이 복잡해지지 않게 방지하는 방법의 하나는 for 루프가 1개의 일만 하도록 수정하는 것이다. 예시 코드의 for 문을 다음과 같이 수정할 수 있다.

```
List<InvoiceDto> invoices = mapper.selectRegularInvoices(cond);
// 결제 처리 및 결과 목록 생성
List<InvoiceResult> results = new ArrayList<>(); // 결제 결과 목록 저장
for (InvoiceDto invoice : invoices) {
    try {
        ApporvalResp resp = payGwApi.approve(…); // 결제 시도
        paymentService.saveAfterApproval(resp, …) // 결제 성공 결과 반영
        results.add(InvoiceResult.ofSuccess(invoice, resp));
    } catch(Exception ex) {
        applyErrorResult(invoice, ex); // 결제 실패 결과 반영
        results.add(InvoiceResult.ofFail(invoice, ex));
    }
}


// 외부 API를 호출할 때 필요한 StoreApiDto 생성
List<StoreApiDto> dtoList = new ArrayList<>();
for (InvoiceResult result : results) {
```

```
        if (results.isSuccess()) {
            StoreApiDto dto = … // 성공 dto 생성
            dtoList.add(dto);
        } else {
            StoreApiDto dto = … // 실패 dto 생성
            dtoList.add(dto);
        }
    }
    if (dtoList.size() > 0) {
        callStoreApi(dtoList); // 외부 API 호출: 성공/실패 전달
    }
```

이 코드는 for 문을 2개로 분리했다. 첫 번째 for 문은 결제를 시도하고 결과를 생성한다. 두 번째 for 문은 결제 결과 목록을 이용해서 외부 API를 호출할 때 사용할 StoreApiDto 객체를 생성한다. 코드가 길어져서 더 복잡해 보일 수 있다. 하지만 이제 추상화 수준에 따라 메서드를 추출할 수 있다. 다음은 두 for 문을 각각 별도 메서드로 추출한 결과를 보여준다.

```
List<InvoiceDto> invoices = mapper.selectRegularInvoices(cond);
// 결제 처리 및 결과 목록 생성
List<InvoiceResult> results = approveInvoices(invoices);
// 외부 API를 호출할 때 필요한 StoreApiDto 생성
List<StoreApiDto> dtoList = createStoreApiDtos(results);
if (dtoList.size() > 0) {
    callStoreApi(dtoList); // 외부 API 호출: 성공/실패 전달
}
```

다음과 같이 한 번 더 메서드 추출을 해보자. 조금 더 추상화 수준을 맞출 수 있다.

```
List<InvoiceDto> invoices = mapper.selectRegularInvoices(cond);
// 결제 처리 및 결과 목록 생성
List<InvoiceResult> results = approveInvoices(invoices);
```

```
// 외부 시스템에 결제 결과 전송
sendInvoiceResultsToStore(results);
```

이제 결제 결과를 엑셀로 생성해서 담당자에게 전송하는 기능을 추가해보자. 해당 기능을 구현한 메서드를 만들고 호출하면 된다.

```
List<InvoiceDto> invoices = mapper.selectRegularInvoices(cond);
// 결제 처리 및 결과 목록 생성
List<InvoiceResult> results = approveInvoices(invoices);
// 외부 시스템에 결제 결과 전송
sendInvoiceResultsToStore(results);
// 결과를 엑셀로 생성해서 담당자에 전송
sendInvoiceResultExcelToWorker(results);
```

for 문이 하는 일을 논리적인 단위로 분리한 덕분에 다음과 같은 이점이 생겼다.

- 코드가 복잡해지지 않고 논리적인 단위로 구분된다.
- 논리적인 단위로 구분되어 코드를 이해하기가 쉽다.
- 메서드 추출과 같은 리팩터링이 용이하다.
- 다른 로직을 추가하기가 용이하다.

루프를 한 번만 돌면 되는데 여러 번 돌게 되면 성능이 느려진다고 걱정하는 개발자도 있다. 하지만 미리 걱정할 필요는 없다. 대부분 성능에 문제가 없다. 정말로 문제가 될 때만 측정해서 개선하면 된다. 그리고 복잡한 코드보다 이해하기 좋은 코드가 주는 이점이 훨씬 크다.

리팩터링 vs 새로 만들기

리팩터링은 기존 코드를 점진적으로 개선한다. 리팩터링으로 조금씩 코드를 개선하다 보면 어느새 코드 품질이 확연히 좋아진다. 하지만 코드 품질을 개선하는 방법이 리팩터링만 있는 것은 아니다. 새로 만드는 방법도 있다.

새로 만드는 방법 중 하나는 일부 기능을 마이크로서비스Microservice로 분리하는 것이다. 일부 기능만 새로 만들기 때문에 전체를 새로 만드는 것보다 위험 부담이 적다. 단 프로세스가 분리되기 때문에 데이터 동기화나 통신 실패 같은 기존에 겪지 않았던 다른 문제에 직면할 수 있다. 새로 만들 때의 단점보다 이점이 더 클 때 개선의 방법으로 마이크로서비스를 선택해야 한다.

또한 새로 만든다고 코드가 좋아진다는 법은 없다. 좋은 코드를 만드는 방법을 알아야 코드 품질이 좋아진다. 이 사실을 꼭 기억하자.

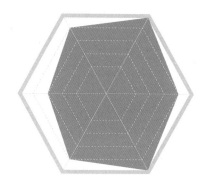

7장

테스트

- 테스트 코드
- 테스트 가능성
- 리팩터링을 위한 테스트 작성하기

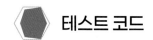

테스트 코드

개발하면서 가장 도움이 많이 된 것 하나를 골라보자. 여러 개발자한테 물어보면 지속적 통합, 특정 개발 도구, 프레임워크, 특정 설계 원칙 등 갖가지 답을 한다. 나 역시 여러 가지가 떠오르는데 이 중에서 하나를 골라야 한다면 테스트 코드를 뽑겠다. 특히 테스트 코드를 먼저 작성하는 테스트 주도 개발은 여러 측면에서 많은 도움을 주었다.

이 장에서는 테스트 코드가 어떤 점에서 도움이 되는지 얘기해보려 한다.

자동화된 테스트·회귀 테스트·안정감

기존 코드 수정은 두려운 일이다. 내가 수정한 코드가 어디에 어떤 영향을 끼칠지 모르기 때문이다. 시스템 규모가 작으면 모든 범위를 분석할 수 있다. 하지만 크고 복잡한 시스템에서는 수정한 코드가 어디에 어떤 영향을 줄지 완벽하게 분석하기란 불가능에 가깝다.

테스트 코드가 없는 조직은 코드를 수정한 뒤에 일부 기능에 대한 수동 테스트를 진행한다. 예를 들어 커뮤니티 서비스를 수정했다면 수정한 기능 외에 글쓰기, 목록, 좋아요 같은 기능을 직접 테스트해서 이상이 없는지 확인하는 식이다. 별도의 QA 조직이 있다면 좀 더 많은 기능을 여러 조건에서 테스트한다.

테스트를 수작업으로 진행하면 테스트를 아예 하지 않는 것보다는 낫지만 아무래도 다양한 경우의 수를 확인하기 어렵다. 현실적으로 모든 경우의 수를 테스트할 수는 없기 때문에 버그를 놓칠 수 있다. 운이 좋아 버그가 빨리 발견되어 바로 대응할 수도 있고 버그가 한참 뒤에 발견되어 원인을 분석하는 데 어려움을 겪기도 한다.

자동으로 실행할 수 있는 테스트 코드가 있다면 수정한 코드가 발생시키는 문제를 빨리 찾을 수 있다. 코드를 수정하고 나서 자동으로 실행할 수 있는 테스트를 수행하면 된다. 사람이라면 몇 시간 이상 검증해야 할 기능 집합을 기계는 단 몇 분이면 할 수 있다. QA 담당자를 기다릴 필요도 없다. 개발자가 직접 실행하면 된다. 내가 수정한 코드뿐만 아니라 그 코드로 인해 영향받을 수 있는 다른 코드도 빠르게 테스트할 수 있게 된다.

그림 7-1 자동화된 테스트가 있으면 회귀 테스트 시간을 대폭 줄일 수 있다.

테스트 커버리지가 높다고 해서 완벽하게 모든 문제를 없앨 수는 없다. 하지만 적어도 테스트를 통과한 코드는 문제가 없다는 것을 확신할 수 있다. 그래서 테스트가 검증하는 범위, 즉 테스트 커버리지coverage가 중요하다.

테스트 커버리지가 높을수록 수정한 코드가 문제를 일으키지 않을 거란 확신도 커진다. 코드를 수정한 뒤에 전체 테스트를 실행했는데 테스트 커버리지가 10%면 내가 수정한 코드가 다른 기능을 망가뜨리지 않는다고 확신할 수 없다. 반면에 테스트 커버리지가 70% 이상이면 코드를 수정하는 데 자신감을 가질 수 있다.

그림 7-2 테스트가 검증하는 범위가 넓을수록 코드를 수정하는 데 자신감이 생긴다.

> 📋 **테스트 커버리지에 집착하지 말기**
>
> 개인적인 경험으로 볼 때 테스트 커버리지는 70~80% 수준이면 적당하다. 테스트 커버리지가 높을수록 좋지만 90% 이상을 목표로 하면 만들지 않아도 될 테스트 코드를 작성하는 일이 벌어지기 때문이다. 데이터를 담고 있는 Member 클래스의 getLastUpdate( ) 메서드를 테스트하는 코드를 만드는 식으로 말이다. 이런 테스트는 커버리지를 높일 수는 있지만 실제로 테스트 코드를 작성해서 얻을 수 있는 가치가 없다. 테스트 커버리지를 높이기 위해 가치 없는 코드를 만드느라 시간 낭비하지 말자.

자동화된 테스트가 있으면 회귀 테스트를 쉽게 진행할 수 있다. 소프트웨어를 수정했을 때 수정한 기능 외에 다른 기능에 영향이 없는지 검증하는 테스트를 회귀 테스트regression test라고 하는데, 자동화된 테스트 자체를 회귀 테스트로 사용할 수 있기 때문에 테스트 효율성을 높일 수 있다. 자동화된 테스트가 있다면 QA 담당자는 신규 기능과 몇 가지 필수 기능만 검증하면 된다. 자동화된 테스트가 많은 범위를 검증하기 때문이다.

개인적으로 자동화된 테스트 덕에 심각한 오류를 사전에 발견해서 고친 경험이 있다. 문제가 될 뻔한 시스템은 신규 주문 시스템이었다. 새로운 주문 시스템의 QA가 한창 진행 중일 때 시스템 인수인계를 진행했다. 인수인계하면서 몇 가지 활동에 집중했는데 그중 하나가 통합 테스트 코드 작성이었다. 주문 생성, 결제 처리, 취소, 환불 등 중요하면서도 민감한 기능 위주로 통합 테스트 코드를 작성했다. 테스트 코드를 작성하면서 업무에 대한 이해도 함께 높였다.

새로운 주문 시스템의 시범 서비스를 시작하면서 통합 테스트를 수행하는 작업을 젠킨스에 등록했다. 매일 정해진 시간에 통합 테스트를 실행했고 전체 테스트를 통과하지 못하면 푸시로 알림을 보내도록 설정했다. 문제를 발견한 그날도 정해진 시간에 통합 테스트 작업이 실행됐고 통합 테스트를 통과하지 못했다는 푸시 알림이 왔다.

그때 통과하지 못한 통합 테스트는 정기 결제 기능 시나리오였다. 정기 결제와 미납 결제 건에 대해 카드 승인을 시도하는 기능이었는데 결제 대상자에 대한 결제를 시도하지 않으면서 테스트가 깨져버렸다. 고객이 지정한 결제일에 카드 승인이 이뤄지지 않으면 항의하는 고객이 많았을 뿐 아니라 승인을 수작업으로 재시도해야 하는 번거로움이 많은 기능이었다.

정기 결제 기능 테스트가 실패한 원인을 살펴봤는데 놀랍게도 주문 목록 조회 기능 때문이었다. 주문 목록을 조회하는 기능에 변경 사항이 있어 코드를 수정했는데 상관없어 보이는 정기 결제 기능에 문제가 생긴 것이다. 원인은 주문 목록 조회 기능과 정기 결제 기능이 같은 코드를 사용한다는 데 있었다. 주문 목록 조회 기능을 수정하는 사람이 이 사실을 몰랐고 요구에 맞춰 코드를 변경하다가 정기 결제 기능에 영향을 준 것이다.

만약 자동화된 테스트가 없었다면 정기 결제 기능에 문제가 있다는 사실을 모르고 운영에 반영했을지도 모른다. 비록 QA를 담당하는 인력이 있었지만 QA는 주로 주문 생성, 취소, 수동 결제 같은 기능을 검증하는 데 초점을 맞추고 있었기에 시스템이 배치Batch 형태로 실행하는 정기 결제 기능은 검증하지 못했다. 자동화된 테스트로 심각한 오류를 발견할 수 있었고 그 덕분에 운영 환경에 오류 코드가 배포되는 상황을 미연에 방지할 수 있었다.

반대 경험도 있다. 테스트 코드가 있었음에도 급한 마음에 테스트를 실행하지 않고 배포를 진행한 적이 있다. 아주 사소한 코드 변경이었기에 테스트를 실행하지 않아도 된다고 생각했다. 하지만 착각이었다. 사소한 변경이었는데 마침 오타를 냈다. 그 오타는 데이터베이스 테이블 칼럼 이름이었고 시스템은 쿼리 실행 오류를 내기 시작했다. 만약 테스트를 실행했다면 테스트가 실패하면서 배포가 중단됐을 것이다. 또한 정신없이 로그를 뒤지고 급하게 코드를 고쳐서 배포하는 긴박한 상황도 겪지 않았을 것이다.

개발자는 항상 압박 속에 산다. 코드를 잘못 만지면 심각한 문제가 발생할 수도 있기 때문이다. 민감한 기능일수록 코드를 수정하는 데 부담이 커진다. 이런 부담을 줄일 방법의 하나가 테스트 작성이다. 테스트 코드가 검증하는 범위가 넓어질수록 내가 만든 코드가 문제를 일으키지 않는다는 확신이 커지고 코드를 수정할 때 안정감을 느끼게 된다. 코드 변경에 대한 스트레스도 감소한다.

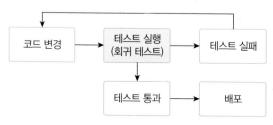

그림 7-3 테스트 코드는 잘못된 코드가 배포될 가능성을 낮춘다.

테스트 주도 개발과 회귀 테스트

테스트와 관련해서 한발 더 나아가 보자. 테스트 코드를 먼저 만들고, 그다음 테스트를 통과하기 위해 구현을 진행하는 테스트 주도 개발Test-Driven Development (TDD)을 해보는 것이다.

TDD는 테스트 코드를 먼저 만드는 개발 방식이다. 구현할 대상에 대한 테스트 코드를 먼저 만들고 테스트 코드를 통과시킬 만큼 구현을 진행한다. 테스트를 통과하면 코드를 정리(리팩터링)한다. 그다음 테스트 코드를 작성한다. TDD는 이러한 과정을 개발이 완료될 때까지 반복한다.

그림 7-4 TDD 과정

> 💡 **TDD(Test Driven Development, 테스트 주도 개발)**
>
> 테스트 코드를 만들고 이 테스트를 통과할 수 있는 구현을 진행해서 소프트웨어를 개발하는 방법론이다. 이 책은 TDD를 설명하는 책이 아니기 때문에 TDD에 대해 구체적인 설명은 하지 않는다. TDD에 대해 더 자세히 알고 싶다면 관련 책을 따로 읽어보도록 하자.

TDD를 진행할 때 예외적인 상황에서의 테스트를 먼저 작성하고 그다음 정상적인 상황에서의 테스트를 작성하는 게 좋다. 많은 기능은 정상적인 상황뿐 아니라 예외적인 상황에 대한 대처가 필요한데 TDD는 테스트 코드를 작성할 때부터 이 점을 고려한다. 예를 들어 회원 암호 변경 기능을 TDD로 구현한다면 회원이 존재하지 않거나 이전 암호와 새로운 암호가 일치하지 않을 때와 같이 예외적인 상황에 대한 테스트 코드를 먼저 작성하고, 회원이 존재하거나 이전 암호와 새 암호가 일치하는 정상적인 상황에서의 테스트를 작성한다.

정상적인 상황과 예외적인 상황에 대한 테스트 코드를 작성하면 테스트가 다루는 커버리지가 높아진다. TDD를 진행하는 과정에서 작성한 테스트 코드는 회귀 테스트로도 사용되기 때문에 TDD를 진행하다 보면 자연스럽게 회귀 테스트 커버리지를 높이는 효과를 얻을 수 있다.

그림 7-5 TDD는 테스트 커버리지를 높여준다.

TDD를 하면 회귀 테스트로 사용할 테스트 케이스가 증가하고 테스트 커버리지도 높아진다. 테스트 커버리지가 높아지면 코드를 수정했을 때의 문제를 빠르게 발견할 수 있다. 잘못 변경한 코드를 조기에 발견해서 조치하면 더 자신감 있게 코드를 수정할 수 있게 된다.

> 📑 **테스트는 다음 테스트 추가를 더 쉽게 만들어준다.**
>
> S사에서의 일이다. 결제 기능에서 특정 값이 일치하지 않는 오류가 발생했다. 결제 기능 수정 이후에 약 1년간 로직이 바뀌지 않았기 때문에 무슨 이유로 오류가 발생했는지 확인해야 했다. 로그와 데이터를 확인한 다음 버그로 의심되는 코드를 찾았다.
>
> 결제 기능을 수정할 때 다양한 경우에 대한 테스트 코드를 작성했는데, 버그로 의심되는 상황에 대한 테스트 코드는 존재하지 않았다. 하지만 이미 여러 상황의 테스트 코드가 있어서 문제를 일으킨 상황의 테스트를 빨리 추가할 수 있었다.

새롭게 추가한 테스트 코드를 통과시킨 뒤 나머지 다른 테스트 코드를 실행했다. 모든 테스트가 통과되는 것을 확인한 뒤에 새로 추가한 테스트 코드와 수정한 코드를 커밋commit 했다.

이때의 경험으로 테스트 코드가 존재하면 일부 조건이나 상황을 변경한 테스트 코드를 빨리 만들 수 있다는 사실을 알게 되었다. 이러한 경험의 축적은 나중에 새로운 문제를 만났을 때 문제를 재연하는 테스트 코드를 더 쉽게 추가할 수 있게 만들어준다.

테스트 주도 개발과 설계

개인적으로 TDD를 선호하는 또 다른 이유는 TDD가 기능을 설계하는 데 도움을 주기 때문이다. 테스트를 먼저 만들려면 테스트할 대상의 기능을 실행할 수 있어야 한다. 테스트 코드에서 테스트할 대상의 기능을 실행하려면 다음과 같은 것을 정해야 한다.

- 클래스(타입) 이름
- 메서드 이름
- 메서드 파라미터 타입
- 리턴 타입, 익셉션 타입
- 의존 대상 · 역할

클래스 이름을 정하고 메서드 이름을 정하는 일은 기능을 설계하는 과정과 같다. 누가 어떤 기능을 제공할지를 정하는 과정을 설계라고 한다면 클래스 이름과 메서드 이름에 기능을 제공할 주체를 표현한다. 클래스 · 메서드가 제공하는 기능이 이름에 잘 표현되어야 하는데 테스트 코드를 작성하려면 바로 클래스 · 메서드 이름부터 결정해야 한다.

이름을 정했다면 기능을 실행하기 위한 파라미터로 어떤 값을 전달해야 하는 지, 파라미터로 어떤 타입을 사용해야 하는지를 결정한다. 기존에 존재하지 않는 타입이면 타입 이름도 정해야 한다. 기능을 실행한 뒤에 결과를 리턴한다면 리턴 타입을 결정해야 한다. 주문하기 기능이 리턴 값으로 주문 번호를 리턴한다면 주문 번호 타입을 String으로 할지, OrderId와 같은 전용 타입을 만들지를 정해야 한다. 예외 상황 처리도 마찬가지다. 동일한 아이디를 갖는 회원이 존재한다면 익셉션으로 처리할지 예외 상황을 나타내는 값을 리턴할지 등을 정해야 한다.

테스트 코드를 작성하고 테스트를 통과하려면 협업할 대상도 도출해야 한다. 회원 가입 기능을 구현한 클래스가 RegisterMemberService이고, 이미 동일한 아이디를 가진 회원이 존재하는 예외 상황에 대한 테스트를 작성할 차례라고 해보자. 특정 아이디를 갖는 회원이 존재하려면 데이터베이스 어딘가에 회원 데이터가 있어야 한다. 이 시점에 테스트 코드를 작성하고 테스트를 통과하려면 RegisterMemberService가 데이터베이스 연동을 직접 할지, 아니면 Dao나 리포지터리Repository 같은 요소로 간접적으로 연동할지를 정해야 한다. 이때 간접적으로 접근하려는 대상(예: 데이터베이스)이 정해지는 과정에서 협업할 요소(예: Dao)가 도출된다.

회원 가입 시 전달받은 암호를 누가 검증할지 정하는 단계에서 역할을 분리할 수도 있다. RegisterMemberService가 유효한 암호인지 검증하는 게 아니라 PasswordValidator 같은 타입을 도출해서 해당 타입이 암호를 검증하는 식으로 말이다.

이렇듯 TDD에서 테스트 코드 작성 과정은 설계와 밀접한 관련이 있다. 일단 테스트할 대상의 이름, 메서드, 파라미터 등을 결정해야 한다. 또한 테스트 대상이 직접 기능을 구현하는 것이 아니라 다른 타입에 구현을 미루는 형태로 역할을 분리하기도 한다. 이런 과정이 모두 설계에 해당한다.

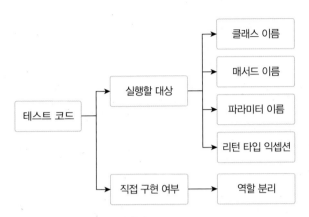

그림 7-6 TDD는 설계를 지원한다.

테스트 주도 개발과 생산성

난생처음 테스트 코드를 작성하거나 아예 테스트 코드 작성 경험이 없는 개발자는 테스트 코드를 작성하는 자체가 생산성이 떨어지는 일이라고 느낄 수 있다. 단편적인 면만 보면 사실이다. 예를 들면 if 조건을 아주 조금만 변경하면 되는데 관련 테스트 코드까지 함께 수정하다 보면 시간이 배로 소요된다. 상황에 따라 변경하려고 하는 코드는 간단하지만 테스트 코드를 작성하는 데 더 많은 노력이 들기도 한다.

▶ 테스트 코드를 작성하는 게 쉽지만은 않다. 하지만 테스트가 주는 이점을 고려하면 테스트 코드 작성 능력을 키워야 한다.

하지만 전체적인 개발 관점에서 바라보면 얘기가 달라진다. 개발자가 코드를 수정하면 테스트해야 한다. 웹 API를 개발한다면 API 요청 처리(컨트롤러), 로직(서비스), 모델, 데이터베이스 연동(SQL)에 대한 코드를 한 번에 작성한 다음 테스트를 진행한다. 로컬 서버에서든 개발 서버에서든 코드를 수정했다면 수정한 코드가 제대로 동작하는지 확인해야 한다. 테스트하다 오류가 발생하면 다시 이 과정을 반복한다.

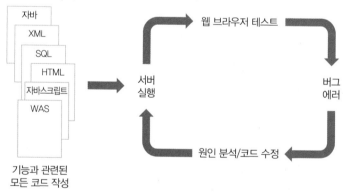

그림 7-7 개발자가 테스트 코드 없이 수동으로 기능을 검증할 때 반복하는 과정

내가 만든 코드가 올바르게 동작하는지 수동으로 확인하는 과정이 한 번으로 끝나면 좋겠지만 로직이 복잡할수록 한 번에 완벽하게 구현하기란 쉽지 않다. 코드를 수정해서 확인하고 잘못된 곳이 발견되면 또 코드를 수정해서 확인하는 과정을 반복적으로 거쳐야 한다. 게다가 수동으로 테스트할 때는 다양한 예외 상황을 만들기 어렵다. 데이터베이스 데이터를 직접 변경해가면서 테스트를 진행해야 하기 때문이다. 이러한 과정은 개발 시간을 증가시킨다.

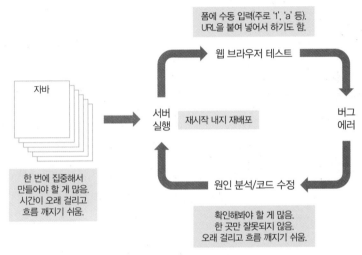

그림 7-8 수동 테스트는 개발 시간을 증가시킨다.

수동으로 테스트하려면 일단 필요한 코드를 다 만들어야 한다. 컨트롤러, 서비스, 데이터베이스 연동 코드 등 모든 코드를 만들어야 실행해볼 수 있다. 데이터베이스도 구동되어 있어야 한다. 한 번에 다 만들어야 하니 시간이 오래 걸린다.

실행 과정에서 에러가 발생하면 확인할 코드가 많다. 로직이 복잡할수록 한 곳이 아닌 여러 곳에 버그가 존재하기 마련이다. 하나를 고치고 다시 확인하면 또 다른 곳에서 오류가 발생한다. 이럴 때마다 다시 많은 코드를 살펴봐야 한다. 그만큼 시간이 오래 걸리고 흐름 또한 깨지기 쉽다.

수동으로 테스트할 때는 대부분 데이터베이스와 외부 API를 직접 연동한다. 원하는 상황을 만들려면 데이터베이스에 테스트를 위한 데이터를 구성해야 한다. 외부 API를 사용할 때는 API를 제공하는 업체에 연락해서 도움을 요청해야 한다. 이런 번거로운 과정이 개발 시간을 증가시킬 뿐만 아니라 개발 자체를 힘겹게 만든다.

개발 시간은 코드를 작성하는 시간, 테스트하는 시간, 디버깅하는 시간으로 구성된다. 개발을 완료할 때까지 개발, 테스트, 디버깅을 반복하게 된다. 개발 시간을 줄이려면 코딩하는 시간뿐 아니라 테스트 시간과 디버깅 시간을 줄여야 하는데 TDD를 적용하면 테스트 시간과 디버깅 시간을 줄일 수 있다.

테스트 시간을 줄이려면 테스트를 수동으로 하지 말고 자동화해야 한다. 테스트를 자동화하려면 테스트를 코드 형태로 만들어 실행해야 한다. 다시 말해 테스트 시간을 줄이려면 테스트 코드를 만들어야 한다. TDD는 처음부터 테스트 코드를 만들기 때문에 반복되는 테스트 시간을 줄여준다. 테스트 코드를 작성하면 처음에는 개발 시간이 늘어나는 것처럼 느껴지지만 시간이 갈수록 반복되는 테스트 시간을 줄여줘서 오히려 개발 시간이 줄어든다는 것을 알 수 있다.

코드를 작성한 시점과 테스트 시점 간의 차이가 벌어질수록 문제가 발생했을 때 원인을 찾는 데 더 긴 시간이 걸린다. 코드를 다시 읽고 분석해야 하기 때문이다. 반면에 TDD는 기능을 구현하자마자 테스트를 실행한다. 테스트 직전에 코드를 작성했기 때문에 테스트가 실패해도 원인을 빨리 찾을 수 있다. 그만큼 디버깅 시간이 줄어든다.

TDD는 리팩터링을 포함한다. 리팩터링은 코드 구조와 가독성을 개선하는 작업이다. 리팩터링으로 나중에 하게 될 코드 수정과 추가 작업을 쉽게 할 수 있게 된다. 즉 미래의 디버깅 시간과 코딩 시간을 줄여준다.

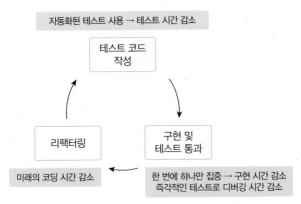

그림 7-9 TDD는 여러 측면에서 개발 시간을 줄여준다.

또한 TDD를 진행하면 전체가 아닌 일부 코드만 검증할 수 있다. 예를 들어 구매 기능에서 할인 로직만 검증한다거나 컨트롤러–서비스–모델–리포지터리로 구성된 코드에서 서비스만 검증할 수 있게 된다. 이런 특성은 전체가 아닌 범위를 좁혀서 한 번에 하나만 집중해서 구현할 수 있게 도와준다.

 # 테스트 가능성

모든 코드를 TDD로 진행할 필요는 없다고 생각한다. 개발을 먼저 하고 테스트 코드를 작성해도 괜찮다. 적어도 테스트를 만들면 앞에서 언급한 많은 이점을 얻을 수 있다. 테스트를 먼저 만들던, 나중에 만들던 중요한 것은 테스트 가능성testability을 높이는 데 있다.

코드를 만들 때 테스트 가능성을 염두에 두면 개발 생산성과 설계 품질을 높일 수 있다. 카드 자동 이체 신청 기능을 예로 들어보자. 카드 자동 이체 신청 기능을 구현하려면 카드 번호가 유효한지 확인하기 위해 외부 시스템과 연동해야 한다. 이 기능을 구현하기 위해 다음 코드처럼 자동 이체 신청 기능을 구현한 코드에서 외부 시스템을 직접 연동할 수 있다.

```java
public class AutoDebitRegisterer {
    private String url = "외부 시스템 API URL";

    public void registAutoDebit(AutoDebitRequest req) {
        validate(req);

        // 외부 API 연동
        ApiRequest apiRequest = …;
        ApiResponse resp = restTemplate.postForObject(
            url, apiRequest, ApiResponse.class);

        …다른 로직
    }
```

이 코드를 테스트하려면 개발 환경에서 사용할 수 있는 외부 시스템이 존재해야 한다. 외부 시스템에 연결할 수 있도록 방화벽도 설정해야 한다. 또한 개발 환경에서 사용할 수 있는 유효한 카드 번호, 유효 기간이 지난 카드 번호, 중지된 카드 번호를 외부 업체에서 제공받아야 한다. 운이 좋다면 방화벽 설정과 검증용 카드 번호를 바로 받을 수 있지만 며칠씩 걸리기도 한다.

WireMock과 같은 테스트용 서버를 사용해서 코드가 원하는 대로 동작하는지 검증할 수는 있다. 하지만 테스트하고 싶은 대상이 registAutoDebit() 메서드가 구현한 자동 이체 처리 로직이라면, WireMock을 구성하고 외부 연동 코드를 구현하는 데 테스트하는 것보다 더 많은 시간과 노력이 들 수 있다. 즉 배보다 배꼽이 더 커질 수 있다.

AutoDebitRegisterer만 테스트하려면 외부 연동 코드를 직접 구현해서는 안된다. 대신 외부 연동 코드를 별도 타입으로 분리해야 한다.

그림 7-10 테스트 가능성을 높이려면 구현을 분리해야 한다.

[그림 7-10]처럼 외부 연동 코드를 CardValidator로 분리했다고 하자. Card-Validator는 카드가 유효한지, 유효 기간이 끝났는지, 중지된 카드인지를 알려주는 기능을 제공한다.

```
public class CardValidator {
    private String url = "외부 시스템 API URL";

    public CardStatus validate(CardInfo cardInfo) {
        ...RestTemplate을 이용한 외부 API 연동 코드
    }
```

```
    }

public enum CardStatus {
    INVALID_NO, VALID, EXPIRED, BLOCKED
}
```

AutoDebitRegisterer는 외부 API를 호출하는 대신 CardValidator를 사용하도록 바꾼다.

```
public class AutoDebitRegisterer {
    private CardValidator cardValidator;

    …생성자 생략

    public void registAutoDebit(AutoDebitRequest req) {
        validate(req);
        CardInfo cardInfo = new CardInfo(req.getCardNo(), …생략);
        CardStatus cardStatus = cardValidator.validate(cardInfo);

        …다른 로직
    }
```

이제 외부 시스템이 없어도 AutoDebitRegisterer를 테스트할 수 있다. Card-Validator의 대역을 사용해 정상 카드, 만료된 카드, 중지한 카드 등 다양한 상황에서 테스트를 만들고 검증할 수 있다.

```
public class AutoDebitRegistererTest {
    private AutoDebitRegisterer registerer;
    private CardValidator mockValidator = mock(CardValidator.class);

    @BeforeEach
    void setUp() {
        registerer = new AutoDebitRegisterer(mockValidator);
    }
```

```
@Test
void invalidNo() {
    given(mockValidator.validate(any())).willReturn(CardStatus.INVALID_NO);

    registerer.registAutoDebit(…생략);

    // 결과 검증
}
```

AutoDebitRegisterer를 구현하기 위해 외부 업체에 카드 번호를 요청하고 답변을 기다릴 필요가 없다. 방화벽 설정도 기다릴 필요가 없다. 외부 시스템 연동 없이 대역을 사용해서 여러 가지 상황을 만들어 테스트 대상을 검증할 수 있기 때문이다. 외부 연동 구현을 분리함으로써 AutoDebitRegisterer 클래스의 테스트 가능성이 커지면서 AutoDebitRegisterer 클래스를 빠르게 구현하고 검증할 수 있게 되었다.

CardValidator가 분리됨으로써 외부 API 연동도 단독으로 테스트할 수 있게 되었다. 두 타입을 분리하지 않았다면 자동 이체 로직과 외부 연동을 한 번에 검증해야 했는데 이제 외부 연동만 검증할 수 있는 것이다.

AutoDebitRegisterer 클래스의 테스트 가능성을 높이는 과정에서 자연스럽게 역할도 분리됐다. AutoDebitRegisterer 클래스는 자동 이체 처리 과정 자체에 집중할 수 있게 되었고 카드 번호를 확인하기 위한 외부 연동 코드는 CardValidator로 분리되었다.

데이터베이스나 API 호출만 분리 대상이 아니다. 테스트 가능성을 높이면 복잡한 계산 로직도 분리된다. 예를 들어 조건에 따라 다양한 할인 로직을 포함하는 주문 기능을 살펴보자. 주문 기능을 구현한 코드에 할인 금액을 계산하는 로직이 포함되어 있다면 할인 금액 계산 로직만 테스트할 수 없다. 전체 주문 과정이 아닌 할인 금액 계산 로직만 테스트하려면 해당 로직을 분리해야 한다. 즉 할인 금액 계산에 대한 테스트 가능성을 높이려고 시도하다 보면 역할에 따라 기능이 별도 타입으로 분리되는 것이다.

테스트 가능성을 높이기 위해 노력하자. 테스트 가능성이 높아지면 외부 환경에 대한 의존이 줄어들어 전체가 아닌 일부만 빠르게 테스트할 수 있게 된다. 테스트를 빠르게 할 수 있으니 개발 속도도 올라간다. 앞에서 언급한 것처럼 테스트 가능성을 높이는 과정에서 자연스럽게 역할에 따라 타입이 분리되면서 응집도가 올라가고 전반적인 설계 품질이 좋아진다. 그리고 코드 응집도가 올라가면서 향후에 코드를 변경하는 비용도 감소할 가능성이 커진다. 코드 변경 비용 감소는 개발 생산성을 높여준다.

리팩터링을 위한 테스트 작성하기

6장에서 말한 것처럼 리팩터링은 동작은 그대로 유지하면서 내부 구조를 바꾸는 기법이다. 리팩터링을 할 때는 리팩터링 전과 후의 코드가 동일하게 동작하는지 보장할 수 있어야 한다. 그러기 위해 리팩터링 전에 테스트 코드를 먼저 작성해야 한다. 기존 코드에 테스트 코드를 먼저 만들고 그다음 리팩터링을 진행하면 리팩터링 후에 코드가 동일하게 동작하는지 검증할 수 있다.

하지만 기존 코드를 검증하는 테스트 코드를 작성하기가 쉽지만은 않다. 테스트 가능성을 염두에 두지 않고 작성한 코드가 많기 때문이다. 예를 들어 주문 처리 코드가 한 클래스에 모두 모여 있다고 해보자. 이 경우 할인 금액 계산 로직만 리팩터링하고 싶어도 주문 처리 전체에 대한 테스트를 작성해야 한다. 할인 금액 계산 로직만 리팩터링하고 싶다면 먼저 할인 금액 계산 로직을 별도 타입으로 분리한 다음에 할인 금액 계산에 대한 테스트를 작성해야 한다. 테스트를 작성하면 이후 리팩터링을 진행한다.

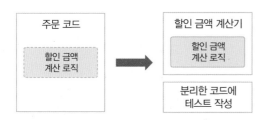

그림 7-11 일부만 별도 타입으로 분리한 뒤에 테스트를 만들고 리팩터링한다.

테스트 코드 없이 기존 코드를 먼저 수정하면 부담이 커진다. 하지만 일부 코드를 분리하고 테스트 코드를 만들어낼 수 있다면 과감하게 시도할 필요가 있다.

코드가 복잡하게 얽혀 있어 일부 코드를 분리하기 힘들 때도 있다. 예를 들어 애플리케이션과 SQL에 로직이 흩어져 있다면 특정 로직을 별도 타입으로 분리해내기 힘들다. 분리하기 힘든데 결제나 주문 같은 코드는 중요한 기능이어서 테스트 없이 리팩터링을 과감하게 시도하기에는 부담이 된다. 이런 상황일 때는 통합 테스트 작성을 시도해보자.

그림 7-12 일부 코드에 대한 테스트 코드 작성이 어렵다면 통합 테스트 코드를 작성한다.

앞서 새로운 주문 시스템을 인수인계받을 때 테스트를 작성했다고 했는데 이때 작성한 테스트도 통합 테스트였다. 자바 코드에 대한 단위 테스트 코드는 쓸모가 없었다. 주문 금액 계산과 같은 핵심 로직이 SQL과 자바 코드에 퍼져 있어 데이터베이스 쿼리를 직접 실행해야 주문 금액을 제대로 계산할 수 있었기 때문이다.

통합 테스트를 실행하려면 데이터를 초기화하고 원하는 상태로 만든 다음에 로직을 수행해야 했기 때문에 로컬 PC에 통합 테스트에서 사용할 데이터베이스를 도커Docker로 설치했다. 로컬 환경에서 실행하기 위한 스프링 프로필도 추가했다. 테스트를 구성하는 데 필요한 보조 클래스도 만들었다. 그리고 코드를 분석하면서 가장 기본이 되는 주문 기능에 대한 통합 테스트 코드를 점진적으로 완성했다.

이 과정은 쉽지 않고 지루하다. 코드를 조금씩 분석한 다음, 이 내용을 테스트 코드에 반영하는 과정을 반복해야 한다. 이때 첫 번째 테스트 코드를 만드는 데 거의 하루를 다 썼다. 첫 번째 테스트 코드를 완성한 뒤에 다른 조건의 주문 테스트를 작성하는 데는 1시간도 안 걸렸다. 첫 번째 통합 테스트 코드를 만들 때 코드를 수십 차례 디버깅하면서 분석했고 이 과정에서 다양한 지식을 얻었기 때문이다.

여러 가지 상황에 대한 통합 테스트 코드도 만들어 테스트 커버리지를 높였다. 테스트 커버리지가 높아지자 리팩터링을 자신 있게 진행할 수 있었다. SQL에 있던 업무 로직을 자바 코드로 이동시켜 응집도를 높였고, 계산 로직을 별도 클래스로 분리했다. 이름 변경과 같은 리팩터링뿐만 아니라 자바 코드로 로직을 옮기면서 일부 SQL 문장도 제거할 수 있었다.

💡 Characterization Test

『레거시 코드 활용 전략』(에이콘출판사. 2018)이란 책에 Characterization Test가 소개되어 있다. 우리말로는 '기능·특징 묘사 테스트' 정도로 번역할 수 있다. Characterization Test는 소프트웨어가 실제로 어떻게 동작하는지를 기술하는 용도로 사용된다. 앞서 새로운 주문 시스템에서 작성한 통합 테스트가 Characterization Test에 해당한다.

📑 통합 테스트 코드 작성 경험

새로운 주문 시스템의 통합 테스트 코드를 작성했던 경험은 I사에서의 일이었다. 나중에 S사에서 결제 기능에 대한 통합 테스트 코드를 유사하게 작성한 적이 있다. 이때 경험을 영상으로 공유했으니 참고하길 바란다.

 ▶ https://youtu.be/1k_EyJYKzWQ

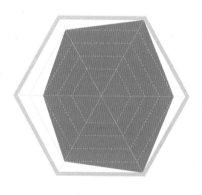

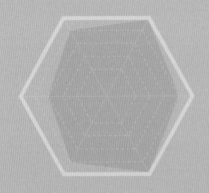

8장

아키텍처·패턴

● 아키텍처가 중요한 이유

● 패턴 익히기

주니어 개발자와 중간·시니어 개발자를 구분 짓는 요소 중 하나로 아키텍처 설계 역량을 꼽을 수 있다. 능력 있는 시니어 개발자가 되고 싶다면 아키텍처도 신경 써야 한다. 이 장에서는 아키텍처가 중요한 이유를 알아보고 패턴의 유용함에 대해서도 말해보려 한다.

아키텍처 고민하기

개발하다 보면 아키텍처라는 말을 자주 접한다. 아키텍처에 대한 내용을 말하기에 앞서 아키텍처의 정의부터 살펴보자. 위키피디아에서는 아키텍처를 다음과 같이 정의하고 있다.

소프트웨어 아키텍처는 소프트웨어 시스템의 추상적인 구조다. 각 구조는 소프트웨어 요소, 요소 간의 관계, 요소와 관계의 속성(프로퍼티)으로 구성된다.

마이크로서비스는 아키텍처의 한 종류이며, MVC(모델-뷰-컨트롤러)나 MVP(모델-뷰-프리젠터) 또한 아키텍처이다. 차이점이라면 마이크로서비스는 시스템 수준의 아키텍처이고 MVC나 MVP는 클래스 수준의 아키텍처다. 어디까지가 아키텍처이고 어디서부터가 상세 설계에 속하는지 명확하게 구분하기는 어렵지만 확실한 것은 아키텍처가 설계 과정에서 나오는 결과물이라는 것이다.

아키텍처를 결정하는 요인

아키텍처는 그냥 결정하는 것이 아니다. 요즘 특정 아키텍처가 유행한다고 선택해서는 안 된다. 아키텍처를 결정할 때는 크게 2가지를 고려해야 한다. 하나는 기능 요구 사항이고 다른 하나는 품질 속성 또는 비기능 요구 사항이다.

그림 8-1 아키텍처는 기능 요구 사항과 품질 속성의 영향을 받는다.

기능 요구 사항은 소프트웨어로 해결하고자 하는 문제와 관련이 있다. 만들고자 하는 소프트웨어가 모바일 전용 학습 서비스라면 수강 관리, 교육 과정 관리, 학습 진도 추적, 학습 성취도 평가, 학습비 결제, 환불과 같은 요구 사항이 존재하는 데 이런 게 기능 요구 사항에 해당한다.

기능 요구 사항은 아키텍처에 영향을 준다. 예를 들어 학습 진도를 어느 수준까지 추적할지에 따라 학습 진도 추적을 위한 연동 방식이 달라진다. 이어서 학습하기 기능을 동일 태블릿에서만 가능하게 한다면 추적을 위한 데이터는 태블릿에만 존재하면 된다. 반면에 접속한 기기에 상관없이 로그인 아이디 단위로 이어서 학습하기를 가능하게 하려면 서버의 중앙 저장소에 추적을 위한 데이터를 저장해야 한다. 요구 조건에 따라 추적 데이터의 위치와 저장 방식이 달라지는 것이다.

성취도 평가도 비슷하다. 성취도를 실시간으로 계산할지 아니면 일 단위로 계산할지에 따라 구조가 달라진다. 일 단위로 계산하는 경우에도 데이터 규모에 따라 구조가 달라질 수 있다. 계산이 단순하고 데이터가 적다면 데이터베이스 쿼리를 사용해서 처리할 수 있다. 반면에 계산이 복잡하고 데이터가 많다면 데이터베이스 쿼리만으로는 한계가 있다. 정해진 시간 내에 계산을 완료하기 위해 계산을 병렬로 확장할 수 있는 구조를 고민해야 한다.

일부 품질 속성은 요구 사항에 명시적으로 드러난다. 요구 사항에 명시적으로 드러나는 품질 속성의 예로 성능과 확장성이 있다. 보통 요구 사항 문서에 최대 사용자 수, 최대 트래픽 같은 형태로 성능과 확장성을 언급한다. 수용해야 하는 트래픽 규모와 패턴에 따라 아키텍처도 단순해지거나 복잡해진다.

또한 어떤 품질 속성은 업무 도메인에서 도출된다. 대표적인 예가 법률 요건이다. 도메인에 따라 준수해야 하는 법이 존재하고, 이 법을 준수하기 위해 구조에 영향을 주기도 한다(예를 들어 특정 데이터를 일정 기간 분리 보관하기 위해 분리된 저장소를 구성해야 할 수 있다).

품질 속성 대부분은 요구 사항에 없더라도 경험을 토대로 자연스럽게 도출된다. 대표적인 품질 속성이 가용성이다. 대부분의 온라인 서비스는 24시간 서비스를 제공하기 때문에 요구 사항에 가용성이 포함되어 있지 않더라도 아키텍처를 설계할 때 당연히 가용성을 고려해야 한다. 반면 쇼핑몰의 배송 추적 기능은 24시간 가용성을 유지하지 않아도 된다. 일시적으로 배송 추적 기능이 동작하지 않아도 쇼핑 서비스를 제공하는 데 큰 문제가 없기 때문에 배송 추적과 관련된 아키텍처를 단순화할 수 있다.

인증과 인가도 당연히 도출되는 품질 속성이다. 요구 사항에 없더라도 로그인한 사용자가 누구인지 알 수 있어야 하며, 허용한 대상만 특정 기능에 접근할 수 있어야 한다. 예를 들어 일반 사용자는 관리자 시스템에 접근하지 못해야 한다.

하지만 당연하다고 생각하는 품질 속성도 경험이나 역량에 따라 놓칠 때가 많다. 도메인에 대한 경험이 없으면 지켜야 하는 법률 요건을 누락하기도 한다. 개발 경력이 많지 않은 개발자는 기능 구현에 몰두하느라 보안과 관련된 품질 속성의 중요성을 인지하지 못할 때도 많다.

📑 보안 사고 사례

개발자는 성능이나 확장성과 같은 품질 속성에 매료되기 마련이다. 대규모 트래픽을 처리하는 시스템을 구축하려면 여러 기법을 활용해야 할 때가 많고 이 과정에서 다양한 기술을 경험할 수 있기 때문이다. 또한 대규모 트래픽을 처리할 수 있는 시스템을 만들었다는 자부심도 얻을 수 있다.

반면에 보안과 관련된 품질 속성은 겉으로 잘 드러나지 않기에 등한시하기 쉽다. D사에서도 이런 일이 있었다. D사는 디지털 상품을 고객에게 판매하는 서비스를 제공했다. 트래픽이 높았고 매출도 많았다. 이상 증상을 발견한 건 매출 정산 시점이었다. 판매 건수에 비해 결제 금액이 맞지 않는 상품이 발견됐다.

조사 과정에서 원래 상품 가격이 아닌 0원에 판매된 거래가 있다는 사실을 알게 됐다. 500원에 구매해야 하는 상품을 0원에 구매한 내역이 발견된 것이다. 이렇게 0원에 판매된 상품이 1~2건이 아니었다.

이런 문제가 발생한 원인은 단순했다. 결제 금액을 처리하는 과정에 문제가 있었다. 이 서비스는 최종 구매 금액을 숨겨진 폼에 기록한 다음에 결제 프로세스를 진행했다. 결제를 진행하는 과정에서 금액을 재확인하는 절차가 없었다. 사용자는 브라우저 디버깅 도구를 사용해서 숨겨진 폼의 금액을 0으로 바꾸고 결제를 진행했고 그대로 구매하는 데 성공했다. 보안 취약점을 발견한 사용자는 이런 식으로 여러 상품을 구매했다.

이와 유사한 사례는 K사에도 있었다. 문제가 된 기능은 '내 정보 조회' 기능이었다. 이 기능은 로그인한 사용자 이름, 이메일, 주소 등 민감한 개인 정보를 제공했다. 로그인하지 않은 사용자는 이 기능에 접근할 수 없었다. 그런데 정보를 보여줄 대상 아이디를 HTTP 요청 파라미터로 받았다. 즉 파라미터값만 바꾸기만 하면 손쉽게 남의 정보에 접근할 수 있었다. 실제로 이 기능이 문제가 되어 개인 정보가 유출되는 보안 사고가 발생했다.

중요한 품질 속성 중 하나가 유지보수성이다. 비개발자는 유지보수성의 중요함을 잘 알지 못한다. 성능 같은 속성은 겉으로 잘 드러나는 반면에 유지보수성은 잘 드러나지 않기 때문이다. 하지만 유지보수성이 나쁘면 시스템을 변경하고 개선하는 데 들어가는 비용이 증가하게 되며 결국 서비스의 경쟁력이 떨어지게 된다. 가용성, 성능, 보안 못지않게 중요한 품질 속성이 바로 유지보수성이다.

트레이드오프

품질 속성을 높이면 시스템의 복잡도가 증가한다. 예를 들어 목표로 하는 응답 속도와 처리량이 많아졌다고 해보자. 목표를 달성하기 위해 메모리 캐시를 도입하거나 데이터 저장소를 수평 확장할 수 있다. 둘 중 어떤 방법을 사용하더라도 구성 요소가 많아지고 그만큼 아키텍처는 복잡해진다.

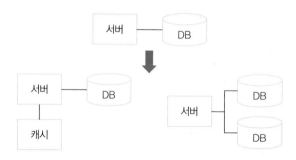

그림 8-2 품질 속성을 높이면 아키텍처 복잡도가 증가한다.

가용성, 성능, 확장성, 보안, 신뢰성, 유지보수성, 지역화, 연속성 등 아키텍처와 관련된 품질 속성은 다양하다. 모든 품질 속성을 높일 수 있다면 이상적이겠지만 불가능에 가깝다. 각 품질 속성을 높이면 시스템 복잡도는 배 이상 증가하기 때문이다.

게다가 서로 영향을 주는 품질 속성도 있다. 보통 보안 품질 속성을 높이면 성능 품질 속성은 떨어진다. 보안 품질 속성을 높이기 위해 별도의 암호화 채널을 사용하면 암복호화 처리 과정에서 더 많은 CPU가 사용된다. 결국 처리량을 낮추고 응답 시간이 늘어나 성능이 저하될 수 있다.

품질 속성은 비용과도 연결된다. 가용성을 높이는 방법 중 하나는 구성 요소를 이중화하는 것이다. 서버와 데이터 저장소를 이중화하면 가용성이 높아지는데 그만큼 장비 사용 비용도 증가한다.

성능도 비슷하다. 데이터베이스 성능을 높이고 싶다면 장비 스펙을 올리면 된다. 더 빠른 CPU로 바꾸고, CPU 개수와 메모리를 늘리고 최신 SSD로 바꾼다면 쿼리 실행 속도가 확연히 빨라진다. 하지만 장비 사용 비용은 몇 배 이상 증가한다.

품질 속성을 높이면 복잡도와 비용이 증가하고 서로 상충하는 품질 속성도 존재하기 때문에 아키텍처를 선택할 때 높이고자 하는 품질 속성 간의 절충이 필요하다. IT 업계에서 자주 사용되는 말 중 하나인 "그때그때 다르다(It depends on)"는 아키텍처에도 적용된다.

절충하는 과정에서 하나를 얻으면 하나를 잃게 된다. 감당할 수 있는 수준의 복잡도, 사용자 규모 대비 적절한 인프라 비용, 시스템에 기대하는 최소 품질을 고려해서 아키텍처를 결정해야 한다. 아키텍처를 설계할 때 모든 면에서 최고인 아키텍처를 추구하면 안 된다. 모든 게 완벽한 아키텍처가 아닌 가장 나쁘지 않은 아키텍처를 선택해야 한다.

🗒 알맞은 품질 추구

이전에 성공한 아키텍처가 있으면 그 아키텍처를 계속해서 사용하곤 한다. 하지만 매번 동일한 아키텍처를 사용하면 안 된다. 적절한 아키텍처는 상황에 따라 다르기 때문이다.

모든 시스템이 24/7 서비스[1]를 제공할 필요는 없다. 기업에서 사용하는 HR 시스템과 게임 서비스에서 밤 10시에 장애가 발생했다고 가정해보자. 게임 서비스는 한참 사용자가 많은 시간대에 장애가 발생한 만큼 매출 감소와 사용자 이탈이 생길 수 있어 장애에 따른 영향이 크지만 기업의 HR 시스템은 일정 시간 안에만 복구하면 되기 때문에 장애 영향이 크지 않다. 따라서 게임 서비스와 달리 HR 시스템은 24/7 서비스를 유지하기 위한 아키텍처가 필요하지 않다.

보안은 반대다. HR 시스템은 매우 민감한 개인 정보를 담고 있다. 이 정보가 유출되면 사업을 존속하는 데 위협을 받을 수 있다. 유출 사고에 대비해서 데이터베이스 자체를 암호화하거나 매우 엄격한 데이터 관리 체계를 갖춰야 한다. 반면에 게임 데이터는 HR 시스템보다 상대적으로 민감한 개인 정보는 담고 있지 않다.

게임 서비스와 HR 시스템의 비교에서 봤듯이 개발하는 모든 시스템에 획일적으로 동일한 품질을 추구해서는 안 된다. 시스템마다 추구해야 하는 품질 속성이 다르므로 아키텍처도 달라져야 한다.

주요 아키텍처 품질 속성

주요한 아키텍처 품질 속성은 어떤 것이 있는지 알아야 한다. 다양한 품질 속성을 알아야 만들고 있는 시스템에 어떤 품질 속성이 필요한지 고민할 수 있기 때문이다. 또한 어떤 품질 속성을 미리 알고 있다면 시스템에 그 품질 속성이 필요한지 검토할 수 있지만 알지 못한다면 그 품질 속성은 아예 검토조차 하지 못한다.

---

1   24/7은 하루 24시간, 1주일 7일을 의미한다. 따라서 24/7 서비스는 매일 이용 가능한 서비스를 말한다.

아키텍처의 품질 속성을 표현하는 용어는 각양각색이다. 용어를 정의한 곳에 따라 같은 용어도 다른 의미로 사용되기도 하며 같은 의미를 다른 용어로 표현하기도 한다. 이 책에서는 위키피디아와 『소프트웨어 아키텍처 101』(한빛미디어, 2021)에서 사용하는 용어를 기준으로 주요 품질 속성을 정리했다.

표 8-1 주요 품질 속성

용어	정의
가용성(Availability)	시스템이 얼마나 오랫동안 사용할 수 있는지를 나타내는 속성이다. 99.99%와 같이 사용 가능 시간/전체 시간 비율로 표시한다.
성능(Performance)	시스템의 최대 처리량, 평균 응답 시간 등을 포함하는 속성이다.
확장성(Scalability)	자원을 추가해서 증가한 사용자나 트래픽을 처리할 수 있는 시스템의 속성이다.
탄력성(Elasticity)	필요에 따라 자원을 추가하거나 반환하는 능력이다.
견고성(Robustness)	실행 중에 발생하는 에러나 잘못된 입력을 다루는 능력이다.
결함 허용(Fault tolerance)	일부 기능에 장애가 발생해도 시스템이 운영을 지속할 수 있는 능력이다.
신뢰성/안전성(Reliability/safety)	시스템 고장에 대비한 안전장치가 필요한지 또는 생명에 영향을 주는 중요한 시스템인지를 나타내는 속성이다.
유지보수성(Maintainability)	얼마나 쉽게 시스템을 변경하고 향상할 수 있는지를 나타내는 속성이다.
지역화(Localization)	다양한 언어에 대한 지원을 표현하는 속성이다.
테스트 가능성(Testability)	소프트웨어 결과물이 주어진 테스트 환경에서 얼마나 테스트할 수 있는지를 나타낸다.
합법성(Legal)	시스템이 지켜야 할 법적 규제나 요건을 나타낸다.
보안(Security)	데이터베이스에 암호화해서 저장해야 할 데이터, 통신 구간의 암호화 등을 나타내는 속성이다.
배포 가능성(Deployability)	개발한 결과물을 제품에 쉽게 반영할 수 있는 정도를 표현한다.
추적성(Traceability)	무언가를 추적할 수 있는 능력이다.

아키텍처가 중요한 이유

시스템이 커질수록 전체 시스템 설계가 개별 구현보다 중요해진다. 어떤 아키텍처를 선택했느냐에 따라 기능 구현에 제약받는 상황이 벌어지기 때문이다. 아키텍처에 주의를 기울이지 않으면 원하는 품질을 달성하지 못하고 실패할 가능성도 커진다.

『적정 소프트웨어 아키텍처』(한빛미디어, 2022)에서는 아키텍처가 중요한 4가지 이유를 언급하고 있다.

- 아키텍처는 시스템의 골격 역할을 한다.
- 아키텍처는 품질 속성에 영향을 미친다.
- 아키텍처는 (대부분) 기능과 직교한다.
- 아키텍처는 시스템을 제한한다.

아키텍처는 시스템의 골격 역할을 한다. 만들려는 시스템에 따라 적합한 아키텍처가 존재한다. 데이터 일관성이 중요한 API 서버에 적합한 아키텍처는 채팅 시스템을 위한 아키텍처와는 다르다. 일관성이 중요한 API 서버는 트랜잭션 처리가 용이한 아키텍처가 적합한 반면에 채팅 시스템은 비동기 메시징 처리가 용이한 아키텍처가 적합할 수 있다.

아키텍처는 품질 속성에 영향을 미친다. 선택한 아키텍처에 따라 높일 수 있는 품질 속성이 있고 높이기 어려운 품질 속성이 있다. 마이크로서비스 아키텍처를 선택하면 탄력성, 배포 가능성(독립적 배포)이 커지지만 데이터 무결성을 위한 구조는 더 복잡해진다.

아키텍처는 기능과 직교한다. 아키텍처는 품질 속성뿐만 아니라 기능 구현에도 영향을 준다. API 서버를 비동기 프레임워크로 구현하면 일부 성능 지표를 높일 수 있지만, 관리자를 위한 백오피스 기능이나 CPU 연산이 많은 작업에는 적합하지 않다.

아키텍처는 시스템을 제한한다. 인증·인가를 위해 어떤 구조를 선택했는지에 따라 관리할 수 있는 인가 범위가 달라진다. 가비지 컬렉터garbage collector를 사용하는 시스템은 가비지 컬렉터가 동작하면서 발생하는 지연 시간을 막을 수 없다. 필수로 사용해야 하는 외부 라이브러리가 특정 버전의 프레임워크에서만 동작할 수도 있다.

시스템 규모가 작으면 아키텍처의 중요성은 상대적으로 떨어진다. 반면에 시스템 규모가 크고 군대, 병원에서 사용하는 시스템처럼 비용이 많이 들거나 위험성이 큰 개발을 할 때는 앞서 언급한 4가지 이유로 아키텍처를 신중하게 결정해야 한다.

📋 마이크로서비스로 개발했어요

한 서비스의 개발 책임자 A 씨를 만난 적이 있다. A 씨는 품질 문제로 고민하고 있었다. 서비스 출시 목표 일정을 코앞에 두고 진행한 시연에서 오류가 발생한 적도 있었다고 한다. A 씨와 아키텍처에 대한 대화를 나눴는데 대화 도중에 A 씨는 "모두 마이크로서비스로 개발했어요"라고 말했다. 서비스는 20개 정도 된다고 했다. 트래픽 증가에 따른 확장 처리도 되어 있다고 했다.

마이크로서비스가 20개나 된다는 말에 다소 의아했다. A 씨가 책임지고 있는 개발 조직은 백엔드 개발자가 5명, 프런트엔드·모바일 개발자가 5명이었다. 새로 만드는 서비스에 가까웠기 때문에 서버 확장을 고민할 만큼의 고객도 없었다. 그런데 서비스를 무려 20개로 분리했다. 일부 서비스에 장애가 발생했을 때 대응할 수 있는 기법(서킷 브레이커 등)도 적용되어 있지 않았다. 그야말로 서비스만 잔뜩 쪼갰다.

시스템 복잡도만 높아지고 이득은 없는 결정을 한 개발 책임자를 전문가라고 할 수 있을까? A 씨는 아마추어 같은 결정을 내렸다. 이런 식으로 특정 아키텍처를 적용해서 자아실현을 해서는 안 된다. 본인이 하고 싶은 게 아닌, 상황에 맞는 적절한 아키텍처를 만들어야 한다는 것을 잊지 말자.

▶ 간단한 서비스를 만드는 데 과도한 아키텍처를 적용하면 오히려 부작용이 나타난다.

아키텍처 변경

스타트업이 참신한 서비스를 출시했다고 가정해보자. 회사는 아직 대형 투자를 받지 못했고 사용자도 적다. 이런 상황에서 인프라에 큰 비용을 투자했다간 얼마 못 가 회사가 망할지도 모른다. 개발 책임자는 현재 상태를 감안해서 모놀리식 아키텍처로 개발을 진행했다. 대신 수월한 유지보수를 위해 모듈화와 테스트 가능성을 우선순위에 두고 개발했다.

1년이 지났을 무렵 시장에서 반응이 왔다. 사용자가 늘어나기 시작한 것이다. 사용자가 늘면서 매출도 함께 증가했다. 시리즈 A 투자도 유치하기 직전까지의 상황이 되었다. 이때 시스템의 성능에 조금씩 문제가 생기기 시작했다. 간헐적으로 응답 시간이 느려졌고 데이터베이스 장비의 CPU 사용률도 종종 70%를 넘겼다.

이대로 가면 시스템이 제 기능을 하지 못하고 장애가 날 게 뻔했다. 문제를 해결하기 위한 가장 쉽고 빠른 방법은 데이터베이스 장비를 업그레이드하는 것이다. CPU와 메모리만 늘려도 성능이 좋아진다. 하지만 이것만으로는 부족하다. 사용자가 계속 증가할 것이기 때문이다. 결국 또 같은 문제에 맞닥뜨리게되는데 또다시 데이터베이스 장비 업그레이드로 대응하려 한다면 매우 높은비용을 치러야 할 수도 있다.

당장은 데이터베이스를 업그레이드해서 시간을 확보해야 하지만 근본적으로는 아키텍츠를 변경해야 한다. 시간이 흐르면서 요구되는 품질 속성이 달라졌으므로 그것에 맞게 아키텍처도 변해야 한다.

아키텍처를 바꾸기 위해 모든 걸 다시 개발하기도 한다. 일명 빅뱅big bang 방식이다. 흔히 차세대라고 불리는 프로젝트에서 이 방식을 주로 사용한다. 빅뱅방식은 최신 장비와 최신 소프트웨어를 사용해서 기존 시스템을 새로 구현하는 것을 말한다. 하지만 빅뱅 방식에는 문제가 많다. 우선 새 시스템을 만드는도중에도 기존 시스템에 새 기능이 추가되거나 기존 기능이 변한다. 기존 시스템과 새로 만드는 시스템 간 기능 구현을 지속해서 동기화해야 하는데 이 과정에서 변경된 기능이 누락되기도 한다.

시간도 오래 걸린다. 시스템은 운영을 거듭하면서 규모가 커지고 복잡해진다. 기존 시스템을 재개발하려면 기존 시스템을 개발할 때보다 더 많은 인원과 시간이 필요하다. 기존 로직도 학습해야 하는데 코드 분석만으로는 부족하다. 관련자 머릿속에만 있는 로직도 끄집어내야 한다. 이런 과정을 거치다 보면 많은시간이 소요된다. 덤으로 새로운 요구 사항도 반영해야 한다. 이러다 보니 일정이 지연되는 경우가 허다하다. 심하면 프로젝트를 접기도 한다.

규모가 작으면 한 번에 새로 만드는 것도 괜찮지만 보다 현실적인 방법은 점진적으로 구조를 변경하는 것이다. 대표적으로 일부 기능을 서비스로 분리하는 방식을 들 수 있다. 모놀리식 시스템은 많은 기능 집합을 갖게 되는데, 각 기능 집합에서 요구하는 품질 속성이 다르다. 어떤 기능은 일정 수준의 처리량을 제공하면 되지만 어떤 기능에서는 평소에 트래픽이 없지만 순간적으로 증가하는 트래픽에 대응할 수 있어야 한다. 이런 트래픽 패턴을 모놀리식으로 대응하려면 모놀리식 아키텍처 전체를 수평 확장해야 한다. 하지만 특정 기능을 서비스로 분리하면 해당 서비스만 수평 확장할 수 있다.

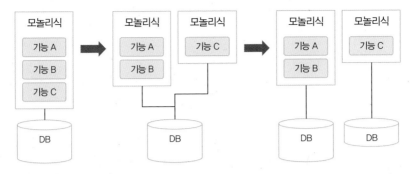

그림 8-3 서비스 분리는 점진적인 아키텍처 변경을 용이하게 해준다.

서비스 분리와 함께 점진적으로 구조를 변경할 때 자주 사용되는 또 다른 방법은 동기 연동을 비동기 연동으로 바꾸는 것이다. 비동기 연동은 각 서비스 간 자율성을 높이고 서비스 간의 영향을 감소시켜줘서 서비스의 독립성을 높여준다. 이렇게 비동기 연동을 도입하면 연동하는 서비스에 문제가 생기더라도 영향을 최소화할 수 있다.

그림 8-4 비동기 연동을 도입하면 시스템 간 독립성이 높아진다.

아키텍처 변경은 흥미롭지만 단순히 재미 삼아 할 일이 아니다. 또한 요즘 유행하는 방식 또는 최근에 학습한 내용을 적용하고 싶다고 해서 아키텍처를 변경하면 안 된다. 아키텍처 변경은 반드시 필요성에 기반해 이루어져야 한다. 요구되는 품질 속성의 변화가 없다면 아키텍처를 함부로 변경하면 안 된다. 아키텍처 변경에는 많은 시간과 노력이 따르기 때문에 신중하게 고려해야 한다.

아키텍처 변경은 짧게는 2주에서 길게는 몇 달에 걸쳐 진행된다. 따라서 아키텍처를 변경하려면 개발비가 들어간다. 또한 성능, 가용성, 확장성 같은 품질 속성을 높이려면 자연스럽게 구성 요소가 늘어난다. 구성 요소가 늘어나면 인프라 비용 역시 증가한다. 게다가 구성 요소가 늘어나면서 시스템도 복잡해진다. 시스템이 복잡해지는 만큼 운영 부담도 증가한다.

비용이 증가하고 시스템은 더 복잡해지는데 실질적으로 얻는 이점이 없다면 돈만 낭비한 것에 불과하다. 아니 돈만 낭비한 게 아니다. 복잡도만 높아진 게 아니라 얻는 것 없이 유지보수 비용도 증가한다. 그러니 아키텍처를 변경할 때는 확실하게 얻는 이점과 소요될 개발 비용을 고려해야 한다.

🗒️ 본질적 복잡성과 우발적 복잡성

몇 해 전 개발 업계의 지인한테서 비동기 사용 사례를 들은 적이 있다. 지인의 업체는 모바일 앱과 서버 간 통신을 2단계로 나눠서 처리했다. 모바일 앱이 서버 API를 호출하면 서버는 그 요청을 큐$_{Queue}$에 저장하고 바로 응답한다. 이후 모바일 앱은 처리 상태를 확인하기 위해 주기적으로 상태 확인 API를 호출한다. 서버가 클라이언트 요청을 비동기로 처리함으로써 트래픽 부하에 대응할 수 있도록 했다.

문제는 서버에 그 정도 부하가 발생할 일이 없다는 데 있었다. CTO 역할을 맡은 개발 담당자는 현실을 고려하지 않고 자신이 이전에 좋다고 생각한 기술과 구조를 도입했다. 그 결과 서버 구조가 복잡해지고 모바일 앱과 서버 간 통신 방식도 복잡해졌다. 하지만 시스템의 복잡함이 빛을 발할 순간은 오지 않았다.

이렇게 해결해야 할 문제와 상관없는 복잡함을 우발적 복잡성$_{accidental\ complexity}$이라고 부른다. 기술 사용 욕구에 빠진 개발자에게 우발적 복잡성이 발생하는 경우를 종종 볼 수 있다. 더 쉽고 단순한 기술로 처리할 수 있는 문제를 불필요한 기술을 사용해서 복잡도를 높이는 것이다.

반대로 해결해야 할 문제 자체가 복잡해서 생기는 복잡함을 본질적 복잡성$_{essential\ complexity}$이라고 한다. 예를 들어 높은 가용성과 높은 처리량을 함께 제공해야 하는 시스템은 그렇지 않은 시스템과 비교하면 복잡해질 수밖에 없다. 이렇게 문제 해결을 위해 필수적으로 발생하는 복잡함이 본질적 복잡성이다.

개발자는 우발적 복잡성에 빠지지 않도록 경계해야 한다. 물론, 흥미로운 기술을 만나면 사용해 보고 싶고, 유명한 회사에서 썼다는 기술도 써 보고 싶기 마련이다. 심할 때는 어떤 기술을 쓰지 못하게 막는 상사한테 화가 날 때도 있다. 하지만 그럴수록 우발적 복잡성의 유혹에 빠지지는 않았는지 곱씹어보자. 당장 마주한 문제 또는 곧 닥칠 문제를 해결하기 위해 어쩔 수 없이 복잡성이 동반되어야 한다면 지속해서 설득하는 시간을 가져야 한다.

같은 문제를 해결하려 한다면 복잡한 구조보다 단순한 구조가 더 좋다는 사실을 항상 명심하자.

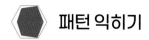

패턴 익히기

설계하다 보면 전에 만든 구조가 데자뷔처럼 떠오를 때가 있다. 과거에 경험한 상황과 유사한 요구를 만나면 자연스럽게 이전에 설계한 구조를 재활용하게 된다. 책으로 간접 경험한 설계 구조를 적용하기도 한다. 실제로 많은 설계 결과물은 이전에 경험한 구조나 간접 경험한 구조를 바탕으로 만들어진다.

이렇게 특정 맥락에서 반복되는 문제 해결법을 패턴pattern이라고 부른다. 상황에 맞는 패턴을 사용하면 설계 시간을 단축할 수 있기에, 여러 가지 설계 패턴을 알고 있으면 설계 품질과 유지보수성을 높이는 데 도움이 된다.

여러 수준에서 다양한 형태의 패턴이 존재한다. 다음은 대표적인 몇 가지 패턴이다.

- 아키텍처 패턴
- 디자인 패턴
- 기업 통합 패턴
- 결함 허용 패턴

아키텍처 패턴은 아키텍처 수준에서의 패턴을 말한다. 포트 · 어댑터Port And Adapter 아키텍처, 마이크로서비스 아키텍처, 이벤트 기반Event-Driven 아키텍처 등이 아키텍처 패턴에 속한다. 각 아키텍처 패턴의 장단점이 다르므로 다양한 아키텍처 패턴을 알고 있으면 현재 상황에 맞는 아키텍처를 결정할 때 도움이 된다.

예를 들어 이벤트 기반 아키텍처를 사용하면 탄력성과 성능에는 장점이 있지만 트랜잭션 처리가 복잡해지고 테스트도 어려워진다. 요구하는 성능이 낮거나 규모가 작다면 계층 아키텍처를 기반으로 한 모놀리식 구조를 사용하는 게 나을 수 있다.

디자인 패턴에서는 GoF의 디자인 패턴[2]이 유명하다. GoF 디자인 패턴은 전략Strategy 패턴, 커맨드Command 패턴, 싱글톤Singleton 패턴, 템플릿 메서드Template Method 패턴, 팩토리 메서드Factory Method 패턴 등 개발 과정에서 자주 활용할 수 있는 여러 패턴이 있다. 나 역시 GoF 디자인 패턴에서 소개한 프록시Proxy, 어댑터Adapter, 전략 패턴을 자주 활용하고 있다.

기업 통합Enterprise Integration 패턴은 파일 전송부터 메시징에 이르기까지 시스템 간 통합을 위한 패턴을 말한다. 최근에는 기업 간 연동뿐 아니라 내부 시스템 간 연동도 증가하는 추세다. 아주 간단한 시스템도 독립적으로 존재하기보다는 다른 시스템과 연동이 필요할 정도다. 이런 상황에서 기업 통합 패턴은 시스템 간 연동을 해결할 때 큰 도움이 된다.

처음 개발을 시작하면 당장 돌아가는 코드를 만드느라 에러 처리를 소홀히 하기 쉽다. 하지만 사소해 보이는 에러가 시스템에 큰 장애를 발생시킬 때도 있다. 에러 처리에 충분히 신경 쓰면 오류를 줄일 수 있지만 완전히 장애를 없앨 수는 없다. 제아무리 완벽하게 구현해도 어딘가에 구멍은 있기 마련이고, 설사 내가 만든 시스템이 완벽하더라도 연동하는 다른 시스템에 문제가 생길 때도 있다.

따라서 문제를 완전히 없애기보다는 문제가 생겼을 때 알맞게 대처하는 방법을 찾아야 하는데 이때 사용할 수 있는 패턴이 결함 허용Fault Tolerance 패턴이다.

---

2   GoF는 Gangs of Four의 약자로 책의 저자가 네 명인 데서 비롯된 이름이다.

결함 허용 패턴은 에러 발견, 에러 복구, 에러 완화 등 어떻게 처리할지에 대한 패턴을 포함하는 개념이다. 하트비트Heartbeat, 재시작Restart, 재시도 제한Limit Retires, 서킷 브레이커Circuit Breaker 등이 결함 허용과 관련된 패턴이다.

마이크로서비스가 유행하면서 분산 시스템도 많이 증가하고 있다. 분산된 시스템이 늘어나면 시스템 간 통합이 더 필요해진다. 또한 분산된 시스템이 많아질수록 연동 과정에서 에러가 발생할 수 있는 가능성도 커진다. 이런 분산 시스템을 관리하기 위해서 다양한 기업 통합 패턴과 결함 허용 패턴을 익힌다면 많은 도움이 된다.

패턴이 유용한 이유

패턴은 2가지 측면에서 유용하다. 첫 번째는 설계 시간을 단축해준다. 패턴은 맥락을 포함한다. 어떤 상황일 때 이런 패턴을 사용하라는 식이다. 개발하다 보면 여러 상황을 마주하게 되는데 다양한 패턴을 알고 있다면 문제가 생겼을 때 알맞은 해결책을 빨리 도출할 수 있다.

패턴이 유용한 두 번째 이유는 원활하게 소통할 수 있게 해준다는 것이다. 패턴은 전략 패턴, 애그리거트Aggregate, 벌크헤드bulkhead와 같은 이름을 갖고 있다. 상황, 구조, 동작 방식 등을 구구절절 설명할 필요 없이 이름만 말하면 모든 정보가 전달된다. 짧은 이름만으로도 다양한 정보가 전달되니 소통 효율이 높아진다.

한 번에 모든 패턴을 학습할 수는 없지만 주기적으로 새로운 패턴을 익혀보자. 설계와 소통하는 데 큰 이점을 누리게 될 것이다.

9장

업무 관리

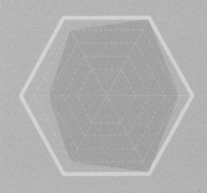

 ## 처음부터 끝까지

하나의 일을 주면 처음부터 끝까지 책임지는 것이 기본이다. 개발자는 요구 사항 분석부터 구현, 출시까지 이어지는 일련의 과정을 관리하고 마무리해야 한다. 여기서 책임은 혼자서 모든 일을 다 해야 한다는 뜻이 아니다. 일이 진행될 수 있게 관리해야 한다는 뜻이다.

다음은 업무를 관리할 때 기초가 되는 것을 나열한 것이다.

- 업무 나누기
- 위험 관리
- 요구 사항 이해 및 변경 대응
- 일정 관리(또는 계획)

이 장에서는 위에 나열한 내용에 관해 얘기하며 추가로 업무 효율과 수작업에 대한 생각도 말해보고자 한다.

업무 나누기

신입 개발자일 때는 주로 작은 일을 맡게 된다. 신입 개발자한테 처음부터 무게감 있는 일을 줄 수는 없다. 위험 부담이 적으면서 신입이 할 수 있는 수준의 일을 맡긴다. 작은 단위까지 세분화해서 업무 지시를 받기도 한다.

경험이 쌓이면 더 큰일이 주어진다. 작은 기능 단위로 주어지던 일이 작은 서비스를 만드는 수준으로 커진다. 큰 서비스 개발에 참여할 때는 일부 기능 집합을 맡는 식이다.

개발 규모가 커졌을 때 흔히 하는 실수 중 하나가 생각나는 대로 개발하는 것이다. 작은 일을 맡아서 할 때는 체계적으로 진행하지 않아도 일을 완료할 수 있다. 일을 진행하기 위한 정리 작업은 필요하지만 생각나는 대로 해도 잘못될 가능성이 크지 않다. 트래픽이 많지 않은 간단한 이벤트를 개발하는 경우를 생각해보자. 일단 이벤트 정보를 보여주는 기능부터 코딩해도 된다. 기능이 몇 개 안 되기 때문에 중간에 놓친 부분을 발견해도 빠르게 수습할 수 있다.

반면 일의 규모가 커지면 그냥 생각나는 대로 하면 안 된다. 즉흥적으로 일을 하면 제대로 끝내지 못할 가능성이 높다. 만약에 설문 조사 시스템을 구현해야 한다면 관리자부터 사용자까지 만들어야 할 기능이 많다. 이 시스템을 만들 때 무턱대고 코딩부터 시작하면 원하는 일정에 일을 끝내지 못할 가능성이 높다. 물론 자신이 천재 개발자라면 코딩부터 시작해도 된다. 그렇지 않다면 업무의 크기에 따라 일하는 방식을 배워야 한다.

주어진 일의 규모가 커졌을 때는 먼저 어떤 일부터 해야 할지 업무를 나눠보자. 예를 들어 어떤 시스템을 개발해야 한다면 해야 할 일을 [그림 9-1]처럼 나눌 수 있다.

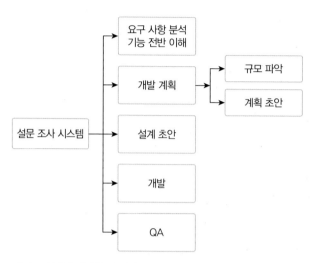

그림 9-1 초반에 해야 할 일 정리하기

일은 하루에서 수일 이내에 끝낼 수 있는 크기로 나누면 좋다. 필요에 따라 수 시간 내에 끝낼 수 있는 크기로 나누기도 한다. 만약에 요구 사항 분석 작업이 1주일 이상 소요될 것 같다면 이 작업을 다시 기획자 리뷰, 현업 리뷰 작업으로 나눈다.

그림 9-2 일의 덩어리가 크면 다시 더 작게 나눈다.

[그림 9-1]을 보면 개발 계획이 포함되어 있다. 일의 규모가 커지면 개발 계획도 세워야 한다. 어차피 예정대로 일이 진행되지 않으니 굳이 개발 계획을 짜는 데 시간을 들일 필요가 없다고 생각할 수도 있다. 하지만 일의 규모가 커지면 개발 계획은 반드시 세워야 한다. 물론 계획은 말 그대로 계획이므로 완벽하게 계획한 일정에 맞춰 일을 진행하기는 어렵지만, 계획이 있어야 진행 상태를 파악하고 변화에 대응하며 조정할 수 있다.

계획을 세우려면 일의 규모를 파악해야 한다. 작은 일은 대충 얼마나 하면 될지 감이 오지만 일이 커지면 얼마큼 일을 해야 하는지 가늠하기 어렵기 때문에 규모를 먼저 알아야 한다. 규모를 파악하려면 해야 할 작업 목록이 필요하다.

작업 목록에 넣어야 하는 항목 중 하나가 개발할 기능 목록이다. 기능 목록은 시스템 사용자 입장에서 구분되는 단위로 작성하면 좋다. 설문 생성, 설문 목록 조회, 설문 시작하기, 설문 참여, 설문 결과 보기처럼 명확하게 구분되는 기능 단위로 작업 목록에 추가한다. 설문 관리처럼 모호한 표현을 사용하면 안 된다.

기능 목록 외에 개발 자체에 대한 업무도 작업 목록에 넣어야 한다. 예를 들어 개발 환경 구축, 운영 환경 구축 같은 업무가 포함될 수 있다. 제품 구매나 계약도 작업 목록에 들어갈 수 있다. 작업 목록을 완벽하게 작성할 필요는 없다. 사실 완벽하게 작성할 수도 없다. 규모를 파악하는 데 필요한 만큼만 작성하면 된다.

작업 목록을 작성했다면 작업마다 대략 얼마나 시간이 걸릴지 추정해본다. 0.5일, 3일같이 일 단위로 작업 시간을 추정하거나 0.2주, 0.5주, 1주처럼 주 단위로 추정해도 된다.

이렇게 추정한 값을 모두 합하면 전체 업무가 대략 얼마나 걸릴지 감을 잡을 수 있다. 물론 정확한 값은 아니다. 하지만 어느 정도 규모인지 파악할 수 있는 수치를 도출할 수 있다는 것에 중요한 의미가 있다.

> ### 📋 추정과 보정
>
> 추정은 정확하지 않다. 요구 사항을 완벽하게 분석한 상태에서 추정한 것이 아니기 때문이다. 물론 요구 사항을 완벽하게 분석한 뒤에 추정해도 정확하지 않다. 요구 사항이 변하기 때문이다. 자신만만한 개발자는 일정을 짧게 추정하는 경향이 있기도 하다.
>
> 일의 규모가 커지면 복잡한 상황이 자주 발생하고 상상하지 못했던 요구가 발견되면서 예상보다 개발 시간이 더 오래 걸릴 때가 많다. 그래서 추정할 때는 자신 있다고 너무 빡빡한 추정치를 사용하기보다는 약간의 여유 시간을 포함해서 추정해야 한다. 그래야 추가로 발생할 업무나 변경에 따른 재작업 시간을 확보할 수 있다.

개발뿐만 아니라 다른 일을 할 때도 마찬가지다. 일이 크면 작은 크기로 일을 나누고, 필요하다면 나누어진 일을 더 작은 크기로 나눈다. 예를 들어 로그 수집 서비스 분석 업무를 줬다고 해보자. 이 일을 하루 이틀 만에 끝낼 수 없으므로 일을 나눠서 스스로 업무 진척도를 파악하고 관리할 수 있어야 한다.

[그림 9-3]처럼 일을 나눴다고 해보자. 이렇게 일을 나누면 어떤 일을 먼저 하고 어떤 일을 나중에 할지 정할 수 있다. 즉 일의 순서를 정할 수 있다. 분업하는 방식도 고민할 수 있다. 여러 사람이 동시에 진행할 수 있는 일과 그 결과를 모아서 해야 하는 일 등을 검토할 수 있다. 이런 점에서 일을 나누는 것은 업무를 효과적으로 진행할 수 있는 작업 경로를 파악하는 데도 도움이 된다.

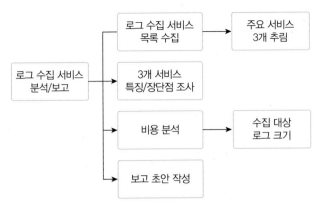

그림 9-3 일이 크면 작은 일로 나누는 연습을 하자.

📑 일 잘하는 방법도 공부하기

C사에 다닐 때의 얘기다. 다닌 지 1년 정도 지난 시점에 팀장이 나한테 책을 한 권 줬다. 사회 초년생을 위한 '일 잘하는 O대리' 부류의 책이었다. 이 책에는 WBS, 임계 경로, 업무 계획 등 어떻게 일을 계획하고 진행할지에 대한 내용이 담겨 있었다. C사에 다니면서 이런저런 개발도 하고 구현 기술도 경험해봤지만 가장 도움이 된 건 이 책이었다.

일을 잘하려면 다양한 역량을 갖춰야 한다. 개발자가 개발을 잘하려면 능숙하게 구현 기술을 다뤄야 한다. 구현 기술이 없으면 애초에 개발을 할 수 없기 때문이다. 하지만 개발 또한 일이기에 개발을 잘하려면 구현 기술 외에도 필요한 여러 역량을 함께 키워야 한다. 그런데 많은 개발자가 구현 기술 외에 다른 역량을 키우기 위한 학습에 소홀할 때가 많다.

구현 기술은 결과가 바로바로 나오기에 학습하는 과정이 재미있다. 반면에 일을 잘하는 법을 다루는 책은 읽는다고 해서 바로 결과가 나오지 않는다. 내용도 흥미롭지 않을 때가 많다. 하지만 개발 역시 일이기에 개발을 잘하려면 다른 역량도 함께 키워야 한다.

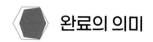 ## 완료의 의미

일을 나눴으면 작게 나눈 일을 하나하나 완료해야 한다. 신입 때 흔히 잘못 파악하는 게 완료의 의미다. 이 오해가 거짓말을 하게 만든다. "거의 다 했어요"라는 거짓말이다. 조금만 하면 다 할 것 같은 느낌에 이끌려 거의 다 해간다고 말하게 된다. 하지만 생각과 달리 여전히 남아 있는 일이 많다. 게다가 스스로 기능 검증을 아직 하지도 못했다. 막상 구현한 뒤에 기능 검증을 해보면 여기저기 빈틈이 많다.

생각했던 코드를 작성했다고 해서 완료되는 것은 아니다. 코드가 기대한 대로 동작할 때 비로소 완료된다. 즉 본인이 작성한 코드가 기대한 대로 동작하는지 확인하는 과정을 거쳐야 구현이 완료된다. 코드를 만들고 기능을 확인했을 때 비로소 "거의 다 했어요"라는 표현을 할 수 있다. 물론 직접 확인 과정을 거쳐도 미처 발견하지 못한 버그가 존재할 수 있다. 오히려 이 시점이 "거의 다 했다"라고 말할 수 있는 상태는 된다.

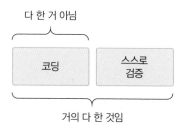

그림 9-4 스스로 검증하지 않으면 완료라 할 수 없다.

스스로 검증하는 방법 중 하나는 7장에서 얘기한 테스트 코드를 작성하는 것이다. 테스트 코드로 반복되는 테스트를 효율적으로 수행할 수 있다.

완료까지 얼마나 남았는지 파악하려면 일을 작게 나누는 연습이 필요하다. 큰 덩어리의 일을 나누지 않고 진행하면 얼마나 일이 진행됐는지 파악하기 어렵다. 일을 작게 나누고 작게 나눈 일의 완료 여부를 파악하면 전체 일이 얼마나 진척됐는지 감을 잡을 수 있다.

위험 관리

주니어 때는 일정 관리를 잘하지 못해서 자주 문제가 발생한다. 나 역시 신입 때 이런 문제를 종종 겪었다. 조금만 더 하면 될 것 같은 마음에 금방 된다고 말했지만 실제로 완료하는 데 예상보다 오랜 시간이 걸릴 때가 많았다.

본인이 느끼기에 뭔가 잘 진행되지 않거나 모르는 게 있을 때 또는 명확하지 않은 점이 생겼다면 위험 신호라고 여겨야 한다. 위험 신호를 감지하면 빠르게 공유해야 한다. 어떻게 개발해야 할지 감을 못 잡고 있으면서 어떡해서든 혼자 해보겠다고 발버둥 치면 안 된다. 오히려 문제를 더 키울 뿐이다.

물론 노련한 관리자는 위험한 상황이 발생하지 않도록 미연에 방지한다. 그러나 진행 중인 업무가 많다면 관리자도 놓칠 수 있다. 관리자 입장에서 우선순위가 낮은 업무라면 수시로 상태를 확인하지 않을 수도 있다.

따라서 스스로 위험 신호를 감지하면 즉시 공유해야 한다. 그래야만 관리자가 대비할 수 있는 시간을 가질 수 있다. 관리자에게 위험에 대비할 수 있는 시간을 주지 않으면, 위험을 피하고자 무리수를 두게 되고 자칫 잘못하면 조직에서 신뢰를 잃을 수도 있다.

> ### 해결책을 모를 때는 빨리 도움 요청하기
>
> "반나절을 고민했는데도 어떻게 할지 잘 모르겠다면 물어봐라"
>
> 예전에 이제 막 개발을 시작한 직원에게 한 말이다. 주어진 일을 어떻게 해야 할지 모르겠다는 것은 위험 신호다. 스스로 해결책을 찾아보겠다고 초반 일정을 소모해서는 안 된다. 이런저런 시도를 하느라 일정을 잡아먹을수록 압박이 커지고 초과 근무를 할 수밖에 없는

상황이 된다.

해결 방법이 잘 떠오르지 않을 때 하루 정도는 고민해 볼 수 있다. 그러나 너무 오래 끙끙대지는 말자. 진척이 잘 안되면 빨리 도움을 요청해라. 도움 없이 혼자서 하겠다고 무리하면 시간이 지날수록 불확실성으로 인해 위험이 커지고 심각한 상황을 초래할 수도 있다.

위험 공유 못지않게 위험 확인도 필요하다. 주니어 개발자 딱지를 떼면 이제 본인이 몇 명의 주니어 개발자와 함께 개발을 진행해야 한다. 즉 본인이 맡은 작업의 위험뿐 아니라 함께 일하는 주니어 개발자가 빠져 있는 위험도 확인할 필요가 있다. 본인이 주니어 시절에 겪었던 실수나 경험을 바탕으로 주니어 개발자가 놓치기 쉬운 위험 요소를 확인하고 해소해야 한다.

위험 상황을 관리하기 위해 미리 위험 목록을 작성해보자. 위험 요소는 어떤 게 있는지 검토해보고 5개 이상 찾아서 목록을 만들어보자. 떠오르는 위험 요소가 없다면 놓친 게 없는지 상급자와 논의하자.

위험 목록을 만들 때 등급을 함께 정리하면 더 좋다. 등급이 높을수록 일에 주는 영향이 크니 신경 써서 관리해야 한다.

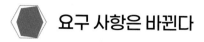# 요구 사항은 바뀐다

개발자는 요구 사항이 변경되는 것을 싫어한다. 처음 시작할 때 분명히 요건에 대해 협의하고 개발을 마쳤는데 막상 원하는 게 아니었다는 반응을 보면 화가 날 때도 있다. 심한 경우 어떤 걸 요구했는지 잊어버리기도 한다.

개발자 입장에서 요구 사항이 바뀌면 힘들어진다. 구현한 결과물을 바꿔야 하기 때문이다. 하지만 요구 사항이 변경되는 것을 막을 수는 없다. 문서로 볼 때와 실제로 동작하는 소프트웨어를 볼 때 본인이 기대한 것과 다른 지점을 발견하게 된다. 시간이 지나 다른 정보가 쌓이면서 처음에 정리한 내용에 오류가 있을 때도 있다. 이런저런 이유로 요구 사항은 바뀌게 되어 있다.

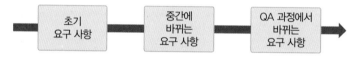

그림 9-5 시간이 흐르면서 요구 사항은 바뀐다.

요구 사항이 바뀐다는 사실을 인정하고 요구 사항을 대하는 방식을 바꿔야 한다. 초반에 요구 사항을 고정하기 위해 많은 노력을 기울이기보다는 요구 사항의 변동 폭을 줄이는 데 초점을 맞춰야 한다.

요구 사항의 변동 폭을 줄이려면 왜 이런 요구 사항을 원하는지 이해하려는 노력이 필요하다. 요구 사항은 주로 개발자가 아닌 비개발자가 요구한다. 비개발자는 본인이 이해하는 수준에서 요구 사항을 말한다. 이런 요구 사항은 현재 시스템의 한계로 구현이 어려울 수 있다. 또는 반대로 요구 사항이 논리적으로 이해 안 될 때도 있다. 이럴 때 개발자는 그저 해달라는 대로 해주면 안 된다.

왜 그런 요구를 했는지 이유를 들어봐야 한다. 특정 기능을 요구한 이유를 듣다 보면 더 나은 방식이나 다른 대안이 떠오르기도 한다.

왜 그런 요구가 생겼는지 고민하기 시작하면 구현하기 전에 이해관계자가 실제로 원하는 결과에 가까운 산출물을 얻을 가능성이 커진다. 즉 정확한 요구 사항의 이해는 기능을 구현하는 도중에 요구 사항이 바뀔 수 있는 가능성을 낮춰 재작업할 양을 줄여준다.

요구 사항의 변동 폭을 줄이는 또 다른 방법은 요구 사항을 나눠서 분석하는 것이다. 예를 들어 6개월 분량의 개발 건이 있다고 해보자. 초반에는 모든 요구 사항을 세세하게 분석해서 협의하지 말고 개략적으로 분석한다. 전체 요구 사항 중 절반가량을 초반에 집중해서 개발하고, 개발이 30~40% 정도 진행된 다음에 나머지 요구 사항을 정리하는 식이다.

처음에 시간을 들여 모든 요구 사항을 세세하게 정리해서 개발해도 시간이 지나면 요구 사항은 바뀐다. 그래서 개발 중반 시점에 다시 요구 사항을 정리해야 하는 일이 벌어진다. 수개월간 진행되는 개발에서는 요구 사항을 초반에 정리하더라도 중간에 다시 요구 사항을 정리하는 일이 흔하게 발생하기 때문에, 요구 사항 자체를 개발 시기에 따라 나눠서 정리함으로써 요구 사항이 바뀌는 범위를 줄일 수 있다. 이런 방식은 뒤에서 언급할 점진적 개발과 연결된다.

애자일Agile 역시 비슷한 접근 방식이 적용된다. 예를 들어 스크럼Scrum에서 스프린트Sprint를 진행할 때 앞으로 진행할 2~3번의 스프린트에서 개발할 요구 사항만 자세하게 도출한다. 다른 요구 사항은 상세하게 기술하지 않고 이름과 개요 정도만 도출한다. 이렇게 필요한 시점에 세부 요구 사항을 만드는 방식은 불필요한 시간 낭비를 줄여준다.

개발하지 않는 것도 요구 사항 변동 폭을 줄이는 방법 중 하나이다. 요구 사항 중에서 오픈 시점에 포함하지 않아도 문제 되지 않는 기능이 있을 수 있다. 어떤 기능은 주요 이해관계자의 요구로(또는 정치적인 이유로) 고객한테는 중요하지 않지만 개발 범위에 포함되기도 한다. 오픈 시점에 포함하지 않아도 되는 기능은 우선순위를 조정해서 오픈 이후에 개발하는 형태로 이견을 조율할 수 있다. 보통 어떤 기능을 넣기 위해 오픈 시점을 미루는 것보다 빠르게 오픈하는 게 더 중요하기 때문이다. 오픈 시점까지의 요구 사항에 특정 기능 구현을 포함하지 않으면 요구 사항 자체가 줄어든 것이라 요구 사항의 변경 범위도 줄어드는 효과가 나타난다.

결국 우선순위 문제다. 요구 사항을 제시한 관계자는 모든 요구 사항이 중요하다고 말하기도 하지만, 일정과 비용을 맞닥뜨리면 얘기가 달라진다. 구현 비용이 커지거나 원하는 일정 내에 구현이 어려워진다면 우선순위가 낮아지는 요구 사항이 생긴다. 관계자가 반드시 넣어야 한다고 말했던 기능이 꼭 구현하지 않아도 되는 기능으로 바뀌거나 요구 조건의 복잡도가 단순해지기도 한다. 일정과 비용은 개발 범위를 결정할 때 강력한 기준이 될 수 있다. 이 점을 기억하자.

> ### 🗒 일정과 비용을 처음부터 언급하지는 말자
>
> 개발자는 소프트웨어를 만들어 요구 사항을 해결해주는 사람이다. 당연히 요구를 최대한 들어주기 위해 노력해야 한다. 하지만 그렇다고 모든 요구 사항을 수용하고 해결해주는 사람은 아니다. 우리가 가진 자원에는 한계가 있기 때문이다. 그래서 요구 사항 목록이 나오면 관계자와 협의하는 과정이 필요하다. 더 단순하게 해결할 수 있는 요구 사항이 있다면 대안을 제시하고 중요도가 떨어져 보이는 요구 사항이 있으면 왜 필요한지 확인하고 제외하는 시도를 하게 된다.
>
> 이 과정이 쉽지만은 않다. 요구 사항을 제시한 입장에서는 뭔가 필요해 보이니 요구를 한 것이기 때문이다. 협의가 쉽게 되기도 하지만 어려울 때도 있다. 협의가 쉽지 않다고 해서

처음부터 일정과 비용 얘기를 꺼내지는 말자. 일단 왜 그런 요구를 하는지 들어보자. 그리고 대안이나 우선순위에 대해 논의하자. 이런 과정을 거쳤음에도 요구 사항이 협의가 안된다면 그때 일정과 비용을 언급하자.

일정

"언제까지 되나요?"는 아마 개발자가 가장 듣고 싶지 않은 질문 중 하나일 것이다. 요구하는 기능이 도출되면 모두가 개발자한테 다가와 일정을 물어본다. 개발자는 규모를 추정해서 일정을 알려줘야 하는데 이 행위 자체가 부담스럽다. 내가 말한 예상 일정이 회사의 공식 일정처럼 비칠 수 있기 때문이다.

내가 말한 예상 일정이 공식 일정이 되면 일정을 맞추기 위해 노력해야 하므로 가능한 일정을 답변하는 것 자체가 부담될 수밖에 없다. 그런데도 목표 일정은 필요하다. 목표 일정이 있어야 계획을 세우고 요구 사항에 대한 우선순위 조정을 수월하게 할 수 있다. 또한 일정에 따라 마케팅, 예산 같은 개발 외적인 부분도 변경될 수 있으므로 반드시 목표 일정이 필요하다.

업무 나누기에서 언급했듯이 목표 일정을 잡으려면 먼저 작업량이 얼마나 될지 추정해야 한다. 추정치를 바탕으로 개발 기간을 산정할 수 있다. 작업량을 산정할 때는 다음과 사항을 주의해야 한다.

- 본인 능력 과신
- 운영 업무 시간
- QA 시간

작업량을 산정할 때 본인의 능력을 과신하지 말자. 요구 사항이 명확하지 않은 상태에서 추정할 때가 많기에 약간의 여유 시간이 더 필요하다.

운영하는 시스템의 유지보수에 드는 시간을 잊으면 안 된다. 운영 중인 시스템에 문제가 생기면 반나절 이상 문제를 해결하는 데 시간을 쓸 때도 있다. 개발자는 일반적인 유지보수 업무도 병행해야 한다. 목표 일정을 잡을 때는 이런 시간도 고려해야 한다.

코드를 푸시했다고 개발이 완료된 것이 아니다. QA 절차가 있다면 QA 시간도 함께 고려해야 한다. 규모가 클수록 QA 시간이 길어지므로 개발 일정을 계획할 때 단순히 코딩하는 시간만 계산하면 안 된다. QA 일정도 고려해야 한다.

일단 목표 일정이 최상위 임원에게 보고되면 일정을 변경하기가 매우 어려워진다. 완료하기로 한 날짜가 다가오면 더 그렇다. 일정에 맞춰 여러 조직이 함께 움직이기 때문이다. 직속 팀장이 혼나게 될까 봐 임원에게 일정 변경이 필요하다고 보고하지 못할 수도 있다. 그러니 일정 변경이 필요하다면 미리미리 상급자에 보고해야 한다. 그래야 대안을 준비할 수 있다.

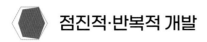# 점진적·반복적 개발

여러 애자일 관련 책과 프로세스 관련 책에서 그리고 선배 개발자에게 배운 내용 중 중요하다고 생각하는 1개를 고르자면 점진적 개발과 반복적 개발을 꼽을 수 있다.

점진적 개발Incremental Development은 결과물을 구분되는 조각으로 나누고 각 조각을 점진적으로 완성하는 방식이다. 스크럼의 스프린트가 대표적이다. 스프린트는 고정된 기간(예: 2주 또는 3주)을 정하고 그 기간에 선택한 작업을 완료하는 것을 목표로 진행하는 작업 단위다. 개발 기간 동안 이런 스프린트를 지속하며 하나의 스프린트가 끝나면 출시할 수 있는 결과물이 나온다. 즉 스프린트마다 가치를 만들어 낸다.

점진적 개발의 핵심은 작업을 분할해서 더 빨리 가치를 제공한다는 데 있다. 대규모 시스템을 개발할 때 점진적 방식을 적용하면 유용한 기능을 사용자에게 보다 빨리 제공할 수 있다. 전체 기능을 마지막에 한 번에 오픈하는 방식이 아니라 주요 기능의 3분의 1만 먼저 오픈하고, 그 뒤에 다시 3분의 1을 중간에 오픈한 다음 남은 3분의 1을 마지막에 오픈하는 식이다. 이렇게 점진적으로 사용자가 요구하는 기능을 제공함으로써 빠르게 사용자 만족도를 높일 수 있고 사용자 피드백을 신속히 얻을 수 있다. 이런 과정은 더 나은 결과물을 제공할 수 있는 밑거름이 된다.

그림 9-6 점진적 개발은 완성된 기능을 제공한다.

반복적 개발Iterative Development은 사용자 요구 사항 또는 제품 일부분을 반복해서 개발하여 목표로 하는 결과를 만드는 방식이다. 난도가 높은 개발을 진행할 때 주로 사용한다. 예를 들어 높은 성능의 연산 엔진을 만들어야 한다고 해보자.

처음에는 원하는 목표 대비 60% 수준의 엔진을 만들었다면 두 번째 시도에서는 80% 수준의 엔진을 만든다. 그다음 90% 수준의 엔진을 만들고 최종적으로 100% 수준의 엔진을 완성한다. 이렇게 연속된 활동으로 원하는 목표에 도달하는 방식이 반복적 개발이다.

덩어리가 큰일이 있다면 관리할 수 있는 단위로 작게 나눌 뿐만 아니라 점진적이고 반복적으로 개발할 수 있도록 계획을 세워야 한다. 한 번에 모든 일을 다 진행하기보다는 조기에 가치를 제공할 수 있도록 점진적으로 기능을 출시하고, 난도가 높은 일은 반복적으로 완성해서 위험을 낮출 수 있다.

점진적으로 개발하다 보면 개발 기간 중간에 구현한 기능을 시연하거나 제공할 일이 생길 수 있다. 이런 과정을 반대하는 개발자도 있다. 변경 요청이 들어온다는 게 주된 이유다. 개발하기도 바쁜데 중간에 기능을 바꿔 달라는 요구가 들어와서 목표 일정대로 개발하는 데 영향을 준다는 것이다. 개발 막바지에 구현 결과를 보여줘야 변경 요구를 최소화할 수 있다고 생각하는 개발자도 있다.

이 마음이 충분히 이해된다. 말도 안 되는 요구를 막 던지는 관계자를 만나다 보면 중간중간에 결과물을 공유하고 싶은 마음이 싹 사라지기도 한다. 그렇더라도 개발 자체는 점진적으로 계획을 세워서 진행하자. 점진적으로 완성된 기능을 만들어 검증하고 내부적으로 피드백을 받아 보완하면서 출시할 수 있는 상태를 만들기 위해 노력하자. 이런 과정은 더 나은 결과물을 만드는 밑거름이 된다.

> ### 📋 기획자의 욕구
>
> 나는 2~3개월 미만의 일도 둘로 나눠서 출시 계획을 세울 때가 있다. 이때 중요하거나 효과가 좋은 기능을 앞에 배치하고 덜 중요하거나 비용이 많이 들지만 효과가 적은 기능은 뒤에 배치한다.
>
> 단계적 출시 계획을 세울 때 기획자와 협의하기 힘들 때가 많다. 특히 한 번에 출시해서 충격을 주고 싶은 욕구를 가진 기획자라면 더 그렇다. 이런 기획자를 만나면 기능의 우선순위와 중요도에 대해 집중적으로 논의해야 한다. 그래야 핵심이 아닌 겉치레 같은 일에 드는 시간을 줄일 수 있다.

안 된다고 말하기·대안 제시하기

개발자는 "안 된다"라고 말할 수 있어야 한다. 무리한 요구를 하면 "안 된다", "못 한다", "어렵다", "힘들다" 같은 말로 할 수 없다는 점을 분명하게 밝혀야 한다. 일단 약속하면 지키기 위해서 노력해야 하지만 노력만으로 할 수 없는 일은 분명히 못 한다고 해야 한다. 지키지 못할 약속을 하면 신뢰가 깎일 뿐 아니라 같이 일하는 사람도 힘들어진다.

안 된다고 말할 때는 할 수 없는 이유도 함께 전달해야 한다. 그렇지 않으면 같이 일하기 힘든 개발자로 인식될 수 있다. 실제로 자주 안 된다고 말하는 개발자 M이 있었는데 M은 어렵다고 말할 뿐 안 되는 이유를 잘 설명하지 않았다. 게다가 방어적인 태도로 일관할 때가 많았다.

M이 안 된다고 말한 건은 물론 실제로도 힘든 일이었지만 이런 일이 반복되다 보니 협의가 잘 안되는 사람으로 인식되기 시작했다. 팀 내에서 실력도 좋고 약속한 일정은 잘 지켰지만, 어느 순간부터 같이 일하기 꺼려지는 개발자가 되고 만 것이다.

여러분이 생각하기에 어려운 요구가 들어온다면 안 된다고만 하지 말고 대안을 찾아보자. 요구하는 이유가 무엇인지 들어보고 함께 고민하다 보면 해결할 다른 방안이 떠오를 때가 많다. 요구를 있는 그대로만 생각해서 못 한다고 하기보다 요구를 충족할 수 있는 대안을 찾아 제공하는 게 더 가치 있다고 생각한다. 또한 대안을 찾기 위해 함께 협업하는 과정에서 동료 간 신뢰도 높일 수 있다. 이후에는 협의가 더 부드럽게 진행된다.

늘 안 된다는 개발자는 되지 말자

늘 "할 수 없다"고만 말하고 대안도 제시하지 않는 개발자가 되어서는 안 된다. 이건 능력 문제다. 개발자는 구현할 수 있는 능력만 갖춰야 하는 게 아니라 협업할 줄 아는 자세도 필요하다. 늘 안 된다고 말하는 개발자가 되기 전에 기술 역량과 사회적 역량을 함께 키우는 개발자가 되자.

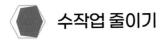

수작업 줄이기

개발자가 매일 코딩만 하는 것은 아니다. 서비스 운영을 병행하는 조직은 구현 외에 다양한 일을 하게 된다. 데이터 추출 같은 업무도 이런 일에 포함된다. 회계 관련 부서나 기획팀은 정기·비정기적으로 시스템에 쌓인 데이터가 필요하다. 이 데이터는 전체 내역일 수도 있고 집계한 데이터일 수도 있다. 처음에는 수작업으로 데이터 추출을 할 때가 많다.

코드 중복이 세 번 이상 발생하면 중복을 제거하라는 말이 있는데 일반 작업에도 이 원칙은 적용된다. 주기적으로 반복해서 해야 하는 수작업이 있다면 자동화해야 한다. 운영자가 사용하는 서비스에 관련 기능을 추가하거나 별도 프로그램을 만들어서 개발자 개입 없이 필요한 사람이 직접 처리할 수 있도록 해야 한다.

우리가 하는 일은 결국 사람이 수작업으로 할 일을 시스템화하는 것이다. 이런 일을 하는 우리가 정작 반복되는 수작업을 자동화하지 않는다면 스스로 생산성을 낮추는 행위를 하는 것이다. 반복해서 발생하는 수작업이 있다면 자동화 기능을 만들어서 업무 생산성을 높이자.

기능을 제공해 업무 이관 줄이기

업무를 이관하게 되면 업무 효율이 떨어지고 대기 시간이 생긴다. 예를 들어 마케팅 부서에서 홍보 활동을 계획하기 위해 데이터가 필요한 상황을 생각해 보자. 마케팅 부서 담당자는 개발 조직에 데이터를 요청하고 기다려야 한다.

개발 조직 담당자가 요청을 전달받았다고 해서 바로 일이 진행되지는 않는다. 이미 개발 조직이 하는 일이 있거나 다른 급한 일이 있을 수 있기 때문이다.

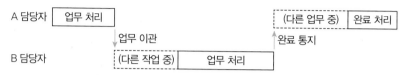

그림 9-7 업무 이관으로 대기 시간이 생겨서 전체 소요 시간이 증가한다.

데이터를 제공하는 시스템이 있다면 업무 이관으로 발생하는 대기 시간을 줄일 수 있다. 보안이 필요한 민감한 영역은 승인 같은 추가적인 절차가 필요하지만, 대부분의 업무는 요청자가 직접 처리할 수 있는 시스템을 제공해서 중간에 업무가 이관되는 절차를 없앨 수 있다. 빈번하게 업무 이관이 발생하는 일이 있다면 이관을 줄일 방안을 만들도록 노력해야 조직의 전체 업무 효율을 높일 수 있다.

📋 데이터 이전 기능 만들기

I사에서의 일이다. 당시 콘텐츠 제작 조직은 주기적으로 데이터베이스 담당자한테 데이터 이전 요청을 보냈다. 운영 환경에 구성한 콘텐츠 데이터를 개발 환경으로 옮겨 달라는 요청이었다. 이 요청을 받은 담당자는 수동으로 운영 데이터베이스 데이터를 덤프$_{dump}$해서 파일로 저장한 다음 그 파일을 개발 데이터베이스에 반영했다. 이 과정은 보통 20분에서 한 시간 정도 소요됐다.

이 업무를 잠깐 내가 맡아야 할 때가 있었다. 처리 과정을 지켜본 뒤에 시간을 내서 관리 툴에 콘텐츠 이관 기능을 추가했다. 개발하는 데 하루 정도 시간을 썼다. 수동으로 하면 20분이면 끝날 업무이기에 굳이 추가 기능을 만들 필요가 있냐는 반응도 있었다.

하지만 여기에는 숨겨진 시간이 많다. 콘텐츠 제작 조직에서 데이터베이스 담당자에게 무언가를 요청하는 시간, 담당자가 실제로 작업을 시작하기까지의 시간, 담당자가 중간에 다른 일이 생겼을 때 그만큼 지연되는 시간, 담당자가 다 됐다고 메일을 작성하는 시간, 요청자가 다 됐다는 메일을 확인하기까지의 시간이 누락되어 있는 것이다. 이런 시간이 몇 차례만 누적되면 금방 개발 시간을 초과한다.

당장은 수작업이 편하고 빨리 끝낼 방법처럼 여겨지지만, 중장기적으로 봤을 때 낭비되는 시간이 계속 누적된다. 따라서 반복되는 수작업이 있다면 기능으로 개발해보자.

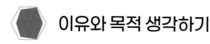

이유와 목적 생각하기

경력이 쌓이고 지위가 올라가면 단순히 시키는 일만 하면 안 된다. 아무것도 하지 않는 것보다는 낫지만 바람직한 태도는 아니다. 반대로 누군가에게 일을 맡길 때도 단순히 어떻게 하라고 지시만 하면 안 된다. 일에는 이유와 목적이 있기 때문이다.

상급자로부터 업무 지시를 받으면 어떤 이유 또는 어떤 목적으로 그 일을 줬는지 알아내야 한다. 단지 결과만 만들면 되는 게 아니다. 이유와 목적은 올바른 결과를 만들었는지 판단할 수 있는 기준이 된다. 이유와 목적을 모른 채 어떻게 일을 할지만 고민하면 엉뚱한 결과를 만들게 된다.

일을 맡길 때도 마찬가지다. 단순히 만들어야 할 결과물만 알려주면 안 된다. 이유와 목적을 함께 알려줘야 한다. 그래야 불필요한 반복 작업을 줄일 수 있다. 예를 들어 특정 데이터가 필요해서 담당자한테 데이터 추출을 요청했다고 하자. 이유와 목적을 설명하지 않으면 지시한 그대로 데이터를 추출할 가능성이 높다. 원하는 데이터가 아니었다면 다른 형태로 데이터 추출을 다시 요청하게 된다. 단순히 추출할 데이터 양식만 알려주지 말고 이유와 목적을 함께 설명했다면 원하는 데이터를 더 빨리 받을 수 있게 된다.

📝 사원 · 대리 같은 과장 · 차장

사원급 직원에게는 상위 수준의 일을 주기 어렵다. 경험과 역량이 부족하고 시야가 좁기 때문에 일을 작게 나눠서 구체적으로 지시해야 할 때가 많다. 그런데 과장과 차장은 다르다. 이 직급에 하위 수준의 일을 하나하나 지시하고 싶은 사람은 없다. 상위 수준의 일을 맡기고 싶어 한다.

예를 들어 API 보안을 강화해야 한다고 해보자. 사원한테는 API 목록을 정리하고 그중 내부에서만 사용하는 API를 표시하는 일을 맡길 수 있다. 정리한 API 목록을 보고 그다음 작업을 진행할 수 있다. 하지만 과장급 이상에게는 'API 보안 취약점 및 보완책 도출' 같이 상위 수준으로 일을 맡길 수 있기를 기대한다.

하지만 아쉽게도 과장급 이상 직원임에도 단말 수준으로 일을 나눠 주지 않으면 일이 진행되지 않을 때가 있다. 상위 수준의 일을 맡기면 단말 서비스 수준의 작업을 1~2개 하고서는 자기 할 일은 다 했다고 말하기도 한다. 어떤 일을 진행하는 이유와 목적이 있는데 그 이유와 목적을 모른 채 그저 시킨 일만 하는 것이다. 목적을 잘 모르니 결과물도 몇 번 손을 봐야 한다.

이 책을 읽는 독자는 이유와 목적을 모른 채 그저 시킨 일만 하는 고참이 되지 않길 바란다. 코딩을 더 잘한다고 해서 좋은 고참 개발자가 되는 것이 아니다. 목적을 알고 그 목표를 달성하기 위해 필요한 일을 하는 고참 개발자가 되자.

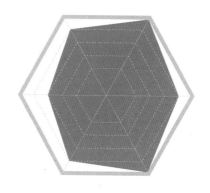

10장

정리하고 공유하기

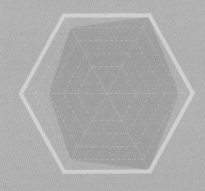

● 글로 정리해서 공유하기

● 발표하기

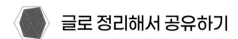
글로 정리해서 공유하기

이메일, 보고서, 위키 문서, 채팅의 공통점은 무엇일까? 바로 글을 사용해서 소통한다는 점이다. 대면 회의를 할 수도 있고 통화할 수도 있지만 매번 회의를 소집하거나 통화할 수는 없다. 상당한 양의 소통은 글로 이루어진다. 게다가 중요한 어떤 내용을 동료에게 공유하거나 상급자에게 보고할 때는 말로만 설명하는 것으로는 부족하다. 함께 볼 수 있는 자료가 필요하다. 그만큼 글은 소통에서 중요한 역할을 담당한다.

그런데 안타깝게도 많은 개발자가 문서 작성을 꺼린다. 문서를 작성하는 데 서툰 개발자도 많이 만났다. 그래서 읽기 어려운 보고서를 작성하거나 무슨 말을 하는지 이해하기 어려운 이메일을 보내곤 한다. 심한 경우 자신이 작성한 문서의 내용을 말로 설명하지 못하는 사람도 있었다.

우리가 소설가나 시인처럼 글을 수려하게 쓸 필요는 없다. 우리는 내용을 정확하게 전달하는 글을 쓰면 된다. 좋은 글을 쓰는 건 어렵지만 연습으로 나쁘지 않은 글, 잘 읽히는 글을 쓸 수는 있다.

> **📋 먼저 글을 읽기**
>
> 나쁘지 않은 글을 쓰려면 우선 글을 읽는 노력이 필요하다. 영상을 빨리 돌려보는 것에 익숙한 사람은 짧지 않은 길이의 글을 읽는 것 자체가 어려운 도전일 수 있다. 글을 읽을 때는 20분 이상 집중해서 읽자. 책을 읽을 때는 스마트폰 알림에 지배되지 않도록 노력해야한다. 한 번에 몇 시간씩 읽을 필요는 없다. 꾸준히 읽는 게 중요하다.

주제와 내용 흐름 잡기

글을 잘 못 쓰는 개발자는 일단 글부터 쓰려고 한다. 몇 줄 안 되는 짧은 글은 이렇게 해도 된다. 하지만 보고서나 주요 내용을 공유하기 위한 문서를 작성할 때는 키보드부터 치기 시작하면 안 된다. 이건 글쓰기 능력이 뛰어난 사람만 가능한 글쓰기 방식이다.

짧지 않은 글을 쓸 때는 일단 글에 담을 내용부터 정리해야 한다. 글의 주제와 전달하고 싶은 내용이 무엇인지 그리고 어떤 목적으로 글을 쓰는지를 생각해야 한다. 글을 읽을 대상도 중요하다. 같은 내용이라도 개발팀을 대상으로 할 때와 CEO를 대상으로 할 때 글을 각각 다르게 작성해야 한다.

글의 주제, 개요, 목적, 대상을 결정했다면 내용을 어떤 순서로 풀어갈지 고민하자. 이야기에 기승전결이 있듯이 보고서나 공유 문서를 작성할 때도 어떤 흐름으로 내용을 구성할지 생각해야 한다.

내용의 흐름은 자연스럽게 목차로 연결된다. 목차와 내용 구성은 한 몸과 같다. 내용 흐름을 고민하면 자연스럽게 목차가 도출되고, 목차를 잡고 나면 그 안에 담을 내용을 고민한다. 목차와 내용의 흐름을 잡아 나가면서 이야기 전개가 자연스러운지, 빠진 내용은 없는지, 주제를 넘어서는 내용은 없는지 검토한다.

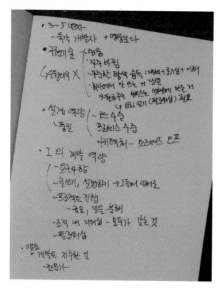

그림 10-1 이 책의 초기 내용 구성 초안이다. 이 초안을 여러 차례 검토하고 보완해서 현재의 목차와 내용 구성이 완성됐다.

한 번에 완벽한 목차를 구성할 수는 없다. 목차와 내용 흐름을 검토하고 정련하는 과정을 몇 차례 반복해야 한다. 목차와 내용 흐름 초안이 나오면 그때부터 글을 쓰기 시작하자.

📋 SCQA 프레임워크로 시작하기

설득을 위한 자료를 작성한다면 SCQA 프레임워크를 활용하자. SCQA 프레임워크의 각 글자는 다음을 뜻한다.

- 상황(Situation) : 현재 상태와 문맥을 제공한다.
- 문제점(Complication) : 현 상황에서 무엇이 문제 되는지 기술한다.
- 의문점(Question) : 문제점에서 도출되는 의문 사항이다.
- 해결(Answer) : 의문점에 대한 해결책을 제시한다.

내용 구성이 잘 떠오르지 않을 때 SCQA 프레임워크를 활용해서 내용 흐름을 잡아 보자. 구성 초안을 잡는 데 도움이 된다.

정확하게 전달하려고 노력하기

글로 정보를 전달할 때는 내용을 정확하게 표현하려는 노력이 필요하다. 먼저 모호한 표현이나 애매한 단어 사용을 줄이도록 노력해야 한다. 대표적으로 자주 쓰는 모호한 표현으로 '부분'을 들 수 있다. 다음 문장을 보자.

> 어제 말씀드린 부분과 관련된 건데, 오늘 다시 얘기한 결과 어제 얘기한 부분 중에서 실제 문제가 되는 부분 말고는 그대로 진행하기로 했다.

길지 않은 문장인데 '부분'이 세 번이나 들어가 있다. 각 '부분'이 같은 대상을 지칭하는지, 다른 대상을 지칭하는지 모호하다. 앞뒤 맥락을 모두 포함해야 '부분'이 무엇인지 유추할 수 있다. 이런 식으로 모호하게 표현하면 상대방에게 부정확한 정보를 전달할 소지가 있으니 정확하고 구체적인 단어를 사용해야 한다.

또한 정보를 정확하게 전달하려면 문서를 이해하는 데 필요한 정보를 함께 제공해야 한다. 글이 길어지거나 글만으로 부족하다면 적절한 그림이나 표를 제공해서 보완해야 한다.

모호한 표현을 줄이고 맥락을 이해하는 데 필요한 정보를 제공하려고 노력하다 보면 문서를 작성하는 시간이 생각보다 더 오래 걸린다. 하지만 시간이 걸리더라도 정리가 잘 된 문서를 만들면 문서를 읽는 많은 사람의 시간을 아낄 수 있다. 읽는 사람이 내용을 파악하는 데 들이는 노력을 줄여주는 것만으로도 문서 작성에 들어간 노력보다 몇 배 이상의 정보 전달 효과를 얻을 수 있다.

마치 코드와 같다. 장기적으로 봤을 때 코드를 작성하는 사람보다 코드를 읽는 사람이 더 많다. 코드를 읽는 사람이 코드를 분석하는 데 들어가는 시간을 줄일수록 변경 비용이 낮아지는 것처럼, 글을 읽는 사람이 내용을 이해하는 데 드는 시간을 줄여주면 글의 정보 전달 효과가 배가 된다.

하나 더, 비개발자를 대상으로 할 때는 개발 용어 사용을 최대한 아끼자. 장애 상황을 전달할 때 비개발자한테 "커넥션 풀이 다 차서"라든가 "고루틴이 데드락에 걸려서"라고 설명하면 이해하지 못한다. 비유를 들어 설명한다거나 최대한 쉬운 용어를 쓰는 등 비개발자가 이해할 수 있는 내용으로 바꿔서 설명해야 한다. 이런 노력이 수반되어야 비개발자에게 명확한 정보를 전달할 수 있고 원활한 소통을 할 수 있다.

> **📋 배경, 정보 제공하기**
>
> 배경 설명이나 정보 제공 없이 요청 내용만 있는 메일을 받을 때가 있다. 이런 메일을 읽으면 무슨 말을 하는 건지 또는 왜 이런 요청을 하는지 알기 어렵다. 예를 들어 데이터를 요청할 때는 단순히 상태별 회원 데이터를 요청하기보다는 어떤 목적으로 데이터를 요청하는지 설명하는 게 좋다. 목적을 알면 그 목적에 더 적합한 데이터를 제공할 수 있기 때문이다.

5가지 글쓰기 팁

다시 한번 말한다. 우리는 소설가가 아니라 엔지니어다. 재미있고 흥미진진한 글을 쓸 수 있으면 좋겠지만 재밌는 글을 쓰는 게 우리 목적이 아니다. 우리는 정보 전달이 목적인 글을 쓴다. 단순한 규칙 몇 가지를 지키면 정보 전달이 목적인 글을 쓰는 데 도움이 된다. 규칙은 다음과 같다.

- 문장 짧게 쓰기
- 글머리 기호 목록·번호 목록 사용하기
- 표나 그래프 사용하기
- 그림 사용하기
- 시각적 효과 사용하기

글을 쓰다 보면 나도 모르게 문장을 끝내지 못하고 늘어질 때가 있다. 말을 늘어지게 하는 사람과 대화하다 보면 이야기 흐름을 따라가기 힘든 것처럼 늘어지는 문장도 이해하기 힘들다.

문장이 길어진다 싶으면 문장을 둘 또는 그 이상으로 나눠야 한다. 개인적인 경험으로는 문장이 길어지면 길어질수록 마무리 짓기 어려웠다. 짧은 문장 여러 개 쓰는 게 그나마 덜 힘들었다. 읽는 입장에서도 긴 문장보다는 짧은 문장이 낫다. 긴 문장을 읽다 보면 내용을 따라가기 힘들 때가 있는데 짧은 문장은 상대적으로 어렵지 않게 내용을 따라갈 수 있다.

꼭 모든 내용을 문장으로 전달할 필요는 없다. 여러 내용을 나열해야 할 때는 글머리 기호 목록이나 번호 목록을 활용하면 유용하다. 먼저 다음 문장을 보자.

국내 기술 동향을 조사한 결과 국내에서 많이 사용하는 백엔드 개발 언어는 자바이며 노드JS, 파이썬을 사용하는 곳도 증가하고 있다. PHP는 지속해서 점유율을 유지하고 있다.

이 문장은 다음과 같이 글머리 기호 목록을 사용해서 표현할 수 있다.

국내 백엔드 개발 언어 기술 동향

- 자바 – 많이 사용됨
- 노드JS, 파이썬 – 증가 추세
- PHP – 지속해서 점유율 유지

주저리주저리 쓴 문장보다 목록이 더 간결하고 쓰기도 더 쉽다. 독자 역시 읽기가 더 수월하다. 목록을 사용해서 무엇이 있는지 알려준 다음에 각각을 자세히 설명하는 것도 좋은 방법이다.

표도 활용해야 한다. 주간 업무 보고를 작성할 때만 표를 쓰는 게 아니다. 여러 정보를 제공할 때도 표를 사용할 수 있다. 표를 사용하기 좋은 예가 장단점을 비교할 때다. 각 설계의 장단점을 비교하거나, 몇 가지 로그 수집 솔루션을 비교할 때 표를 사용한다. 시스템별 성능 현황 보고서를 작성할 때도 표를 사용하면 일목요연하게 정리할 수 있다.

그래프도 중요하다. 월간 매출 보고서에만 그래프가 필요한 게 아니다. 데이터 분석가가 아니어도 그래프를 활용하면 정보를 전달하는 데 큰 효과를 볼 수 있다. 예를 들어 시간대별 최대 TPS를 그래프로 제공하면 패턴을 분석하는 데 큰 도움이 된다.

네 번째는 그림이다. 특히 기술적인 내용은 글, 목록, 표, 그래프만으로는 내용을 전달하는 데 한계가 있다. 각 시스템의 관계, 연동 구조, 실행 흐름 등을 글이나 표로 설명한다고 해보자. 글만 길어지고 내용은 잘 전달되지 않을 수 있다. 이럴 때는 그림을 활용해야 한다.

[그림 10-2]는 동시성 문제를 그림으로 표현한 것이다. 이 상황을 글로만 설명한다고 해보자.

> 잔고가 1000원일 때 스레드 t1이 먼저 잔고 조회를 하고, 그 뒤에 스레드 t2가 잔고 조회를 한다. t2 스레드에서 300원을 입금하고 뒤이어 t1 스레드에서 500원을 인출한다. …
> (생략)

다 설명하지 않았는데도 내용이 길어진다. 게다가 t1, t2, 1000원 등의 정보를 머리로 기억하고 추적해야 하는 부담도 있다. 이 문장에 [그림 10-2]와 같은 그림을 곁들이면 글로만 설명된 것보다 쉽게 이해할 수 있게 된다.

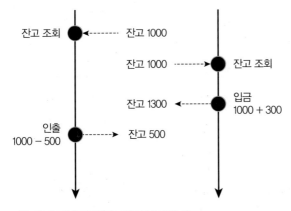

그림 10-2 동시성 문제를 그림으로 표현한 예

마지막으로 시각적 효과를 활용하는 것도 좋다. 예를 들어 결론에 해당하는 문장을 굵은 글씨로 표시해서 두드러지게 표현할 수 있다. 다음은 특정 단어나 문장을 강조할 때 사용할 수 있는 방법이다.

- **굵은 글씨로 표시하기**

- <u>밑줄 긋기</u>

- 다른 색으로 표시하기

- 별도 글 상자로 구분하기

이런 방법을 사용하면 특정 문장이나 단어를 더 효과적으로 전달할 수 있다.

글쓰기 책 소개

읽어보면 도움이 될 만한 글쓰기 책을 소개하려 한다. 여기서 소개하는 책 외에도 글쓰기에 도움이 되는 다른 책도 많겠지만 내가 읽어보지 못한 책은 추천할 수 없어서 읽어본 책 중에서만 골랐다.

- 『유시민의 글쓰기 특강』(생각의 길, 2015)
- 『엔지니어를 위한 문장의 기술』(로드북, 2021)
- 『마케터의 문장』(인플루엔셜, 2020)
- 『내 문장이 그렇게 이상한가요?』(유유, 2016)

『유시민의 글쓰기 특강』은 논리적 글쓰기에 관한 책이다. 논리적인 글을 쓰는데 필요한 다양한 방법을 알려준다. 이 책에서 알려주는 글쓰기 철칙은 다음과 같다.

- 주제가 분명해야 한다.
- 주제를 다루는 데 꼭 필요한 사실과 중요한 정보를 담아야 한다.
- 사실과 정보 사이에 어떤 관계가 있는지 분명하게 나타내야 한다.
- 주제와 정보, 논리를 적절한 어휘와 문장으로 표현해야 한다.

추가로 "많이 쓸수록 더 잘 쓰게 된다"라는 철칙도 있다.

『엔지니어를 위한 문장의 기술』은 논점을 명확하게 쓰기, 납득할 수 있게 쓰기, 한눈에 파악되게 쓰기 등 문장 표현력을 위한 기초 기술 7가지를 소개한다. 이 책의 장점은 옆에 두고서 필요할 때 참고할 수 있는 예시를 제공한다는 점이다. 조사 결과 보고서, 업무 협력 의뢰 메일, 업무 지시서 등의 예시를 참고할 수 있다. 문서를 작성할 때 틀을 잡기 어렵다면 이 책에서 도움을 받을 수 있다.

『마케터의 문장』은 다양한 글쓰기 팁을 제공한다. 마케팅 관점에서 접근하고 있지만 문서를 작성해야 하는 개발자한테도 도움 되는 내용이 존재한다. 특히 블로그를 운영하고 싶은 개발자라면 한 번쯤 읽어보자.

마지막으로 『내 문장이 그렇게 이상한가요?』를 보면서 나의 안 좋은 작문 습관을 알게 됐다. 책에서 말하는 수준으로 문장을 쓰려면 많은 연습이 필요하지만, 적어도 책을 두세 번 읽고 나면 이상해 보이는 문장을 덜 쓰게 된다.

시간을 내서 글쓰기 연습하기

글쓰기 책을 몇 권 읽었다고 갑자기 글쓰기 실력이 늘지는 않는다. 의도적으로 시간을 내서 글쓰기 연습을 해야 한다. 글을 쓰는 게 두렵거나 익숙하지 않다면 20분에서 1시간 정도 시간을 내서 글쓰기 연습을 해보자. 바빠도 이 정도 시간은 낼 수 있다.

나는 주로 다음 시간대에 글을 쓴다.

- 출퇴근 이동 시간: 글의 주제나 내용 흐름 등을 정리한다.
- 저녁: 자기 전에 20분~1시간 정도 시간을 내서 글을 쓴다. 이 책도 주로 저녁 시간에 집필했다.
- 점심시간: 점심을 먹고 나서 남는 시간을 활용해서 글을 쓴다.

1주일에 한두 번이라도 글 쓰는 시간을 가져보자. 일단 쓰는 게 중요하다. 자꾸 써야 실력이 는다.

막상 글을 쓰려고 해도 주제가 떠오르지 않아 머릿속이 꽉 막힐 때가 많다. 이럴 땐 아무 주제나 잡고 쓰면 된다. 거창한 주제를 찾으려 노력하지 말자. 일단 쓰는 것 자체가 도움이 된다. 다음은 글쓰기 연습을 할 때 쉽게 찾을 수 있는 주제다.

- 일기 – 그날 있었던 일 중에서 기억나는 일을 기록한다.
- 시스템 구조 설명 – 담당하는 시스템 구조를 설명하는 글을 써 본다. 시스템을 시각적으로 표시하는 연습도 된다.

- 문제 해결 방안 – 운영 중인 시스템의 문제 해결 방안을 글로 적어본다.
- 리뷰 – 구매한 물건의 장단점을 짧게 정리한다. 또는 오늘 먹은 점심 식사에 대한 평가나 감정을 기록한다.
- 뭐든 당신이 좋아하는 것 – 좋아하는 게 있다면 써보자.

주제를 못 찾겠다면 최근에 읽은 책에서 중요하다고 생각한 문장을 정리해보자. 내가 직접 생각하고 쓴 문장은 아니지만 책의 문장을 그대로 따라 쓰기만 해도 좋은 글을 쓰는 연습이 된다.

> ### 📝 번역이 안 좋은 책 피하기
>
> 책의 문장을 발췌해서 글쓰기 연습을 할 때 가급적 번역이 좋지 않은 책은 피하자. 개발 서적은 번역서가 많은데 아쉽게도 번역이 매끄럽지 못한 책이 더러 있다. 이런 책의 문장을 따라 하면 나도 모르게 번역 투로 글을 쓰게 된다. 번역 품질이 좋지 않은 책은 따라 하지 말자.

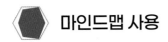 **마인드맵 사용**

내용 흐름이나 목차를 구성할 때는 많은 생각을 하게 된다. 아키텍처 검토나 프로젝트 계획을 세울 때도 많은 생각을 해야 한다. 생각할 내용이 많을 때 정리하는 도구가 있으면 편리한데, 그중 하나로 마인드맵을 추천한다.

마인드맵은 간단한 계층 구조를 가지며 각 요소 간의 관계를 표시하고 정리할 수 있게 해준다. 따라서 여러 가지 생각을 정리하고 공유할 때 마인드맵을 활용할 수 있다.

그림 10-3 마인드맵은 유용한 생각 정리 도구이다.

종이에 직접 손으로 마인드맵을 그릴 수도 있지만 디지털 도구를 사용하면 수정이 편하고 깔끔한 이미지를 얻을 수 있다. 다음은 내가 사용하는 마인드맵 도구 목록이다.

- XMind : 설치형으로 윈도우·맥을 지원한다. 무료 버전을 사용해도 충분하다.
- GitMind : 온라인 마인드맵 버전이다. 무료 요금제를 제공한다.

온라인 버전은 접근성이 좋다. 반면에 제공하는 기능이 다소 부족하고 조작도 일부 불편한 점이 있다. 이런 이유로 나는 개인 문서나 이미지로만 공유해도 충분한 문서는 XMind를 사용해서 작성하고, 공동 편집이 필요한 경우에는 온라인 버전을 사용한다.

# 발표하기

회사 생활을 하면서 발표하는 게 개발자와 거리가 있어 보이지만 필요할 때가 있다. 사내에 도입하고 싶은 기술 또는 프로세스가 있다면 팀원과 팀장을 설득하고 내 의견에 동조하게 해야 한다. 이럴 땐 자료만 제공하고 끝내서는 안 된다. 적극적으로 내 의견을 정리해서 전달하는 자리를 만들어야 한다.

내용을 전달하는 자리는 곧 발표하는 자리와 같다. 파워포인트를 화면에 띄우고 말해야만 발표가 아니다. 모니터에 위키 문서를 띄우든, 파워포인트를 띄우든, 코드를 띄우든, 출력물을 나눠주든 회의 주체가 되어 내용을 전달한다면 발표자가 되는 것이다.

발표는 말로 한다. 보조 수단(파워포인트, 출력물 등)이 있지만 발표 자체는 말 중심으로 이뤄진다. 글쓰기와 마찬가지로 발표할 때는 당연히 말을 잘하는 게 중요하다. 말을 잘하지 못하면 내용 전달이 제대로 되지 않는다. 말을 유창하게 할 필요는 없지만 내용을 전달하는 데 필요한 만큼은 해야 한다. 그래서 말하기 연습도 필요하다.

발표할 수 있는 자리 만들기

발표 자리를 만들어야 말하기 연습 기회가 생기는데 기획자나 디자이너와 비교하면 개발자는 발표 자리를 가질 기회가 상대적으로 적다. 따라서 발표 기회를 가지려면 업무와 직접적으로 관련 없는 모임에 참여해야 한다.

보통 이런 모임으로 세미나와 스터디가 있다. 스터디에 참여해서 몇 개 주제를 맡아 발표해보자. 스터디에서 발표하는 건 부담이 적다. 떨리거나 머리가 하얘지는 순간이 와도 옆에 도움을 주는 사람이 있다.

여럿이 함께하는 코드 리뷰도 부담이 적으면서 발표 연습을 하기에 적당한 자리다. 내가 만든 코드를 설명하고 왜 이렇게 작성했는지를 말로 설명하면서 발표 역량을 높일 수 있다.

작은 모임에서 발표를 지속하면 사람들 앞에서 말하는 게 조금씩 자연스러워진다. 하지만 이것만으로는 한계가 있다. 당연한 얘기지만 연습을 따로 해야 한다. 발표 자료를 만드는 데 도움을 주는 책이나 교육을 찾아 배우고 몇 차례에 걸쳐 발표 연습을 해야 한다. 이런 노력이 뒷받침되어야 발표 역량이 향상된다.

겉치레는 나중에 신경 쓰기

발표의 핵심은 내용 전달이다. 화려한 장표가 아니다. 간혹 주객이 전도되는 발표를 만날 때가 있다. 발표 자료에는 화려한 색상, 웃기려는 이미지, 애니메이션 효과 등이 잔뜩 들어가 있는데 정작 내용은 부실한 발표를 가끔 보곤 한다. 이런 발표는 겉만 번지르르한 맛없는 음식과 같다.

발표 자료를 만들 때는 먼저 내용에 집중하자. 내용 초안을 만들고 말로 발표 연습을 충분히 하자. 자료를 포장하느라 말하는 연습을 놓치면 안 된다. 내용이 완성되면 그때 발표 자료에 금칠을 해도 늦지 않다.

유머도 비슷하다. 청중을 웃기려고 이미지를 사용하거나 말을 재치 있게 하는 발표자를 종종 볼 수 있다. 이런 방법으로 청중을 집중하게 하는 뛰어난 발표

자도 있다. 하지만 좋은 발표를 위해서 꼭 웃겨야 하는 것은 아니다. 청중을 웃기려는 목적으로 개발자 짤 또는 밈이라 불리는 그림이나 유머를 무리해서 사용할 필요는 없다. 내가 먼저 발표 내용과 이야기를 전개하는 데 집중하면 청중도 내 발표에 집중한다. 물론 모든 청중을 집중시킬 수는 없지만 내 이야기에 관심을 가진 청중은 자연스레 발표에 집중하게 된다.

게다가 유머도 능력이다. 유머 감각이 없다면 쓸데없이 웃기려고 하지 말자. 웃기지도 못하고 발표 흐름만 깰 수 있다. 일단 전달할 내용에 집중하자.

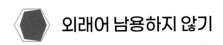

외래어 남용하지 않기

예전에 개발 콘퍼런스에서 대부분의 장표를 영어로 작성한 발표를 들은 적이 있다. 청자가 모두 우리나라 사람인데도 발표 자료가 온통 영어 문장으로 도배되어 있었다. 본인은 어떤 마음으로 자료를 만들었는지 모르겠지만, 적어도 강연자는 발표를 보고 듣는 청중을 전혀 고려하지 않았다. 청중은 강연자의 말과 자료를 함께 보면서 이해를 높이기 마련인데 눈앞에 보이는 자료가 영어로만 되어 있으면 발표에 집중하는 데 방해가 된다.

개발 업계 특성상 많은 외래어를 사용하다 보니 부득이하게 자료나 말에서 외래어를 사용하게 된다. 번역한 용어보다 원래의 용어 그대로 사용해야 의미 전달이 잘될 때도 있다. 또 유명한 말을 인용할 때는 문장 그대로 사용하기도 한다.

하지만 발표는 내가 아니라 듣는 사람을 위해서 하는 것이다. 영어 문장을 남발하는 것은 듣는 사람을 힘들게 한다. 발표할 때는 청자 입장에서 자료를 만들기 위해 노력하자.

> **📋 보그체**
>
> 농구 중계를 보면 자주 들리는 용어가 있다. 바로 '백투백(back to back)'이다. 선수가 연속해서 3점 슛을 넣거나 2년 연속으로 우승할 때 '백투백 3점'이라거나 '백투백 우승'이라는 표현을 쓰는 사람들이 있다. '연속 3점'이라고 하면 될 것을 굳이 '백투백 3점'이라는 표현을 쓴다.
>
> 일상에서도 이런 모습을 종종 볼 수 있다. 개발 전문 용어가 아님에도 영어단어를 섞어 쓰는 모습을 쉽게 볼 수 있다. '디테일하게'는 애교에 불과하다. "시리어스하게 논의하자", "다 같이 어그레시브하게 뛰자"는 등 영어단어를 남발한다. 외래어를 남발하면 말이 어려워진다. 읽기도 어렵고 듣기에도 좋지 않다. 소통에 방해만 될 뿐이다. 꼭 써야 하는 경우가 아니라면 외래어 사용은 자제하자.

글쓰기와 발표가 주는 효과

나는 고등학교를 졸업한 뒤에 내가 말을 잘 못 한다는 사실을 알게되었다. 동아리 모임에서 발언할 기회가 있었는데 말을 잘 끝맺지 못하고 헤매는 자신을 발견한 것이다. 고등학생 시절까지는 거의 듣는 입장이었고 의견이나 정보를 전달할 입장은 아니어서 말하는 재주가 없다는 사실을 졸업한 뒤에야 비로소 알게 됐다.

부족한 말하기 역량을 보완해 준 것은 글과 발표였다. 운이 좋아 글쓰기를 일찍 시작할 수 있었는데 글을 쓰면서 정보를 정리하고 풀어 내는 연습을 나도 모르게 많이 하게 됐다. 정보를 전달하기 위해 이야기 흐름을 고민해야 했으며 독자 반응을 보며 글을 읽을 대상을 생각해야 한다는 사실을 배웠다. 이런 시간이 부족했던 정보 전달 역량을 개선해주었다.

학창 시절의 발표 수업, 회사 내에서 발표, 공부 모임에서 발표, 콘퍼런스에서 발표 등 그동안 갖가지 발표를 하면서 말로 설명하는 연습을 했다. 이런 경험이 쌓이면서 횡설수설하지 않고 정보를 전달할 수 있을 정도로 말을 할 수 있게 되었다.

여전히 일상 대화에서 정확하고 조리 있게 말하기는 어렵지만, 사회생활을 처음 시작할 때와 비교하면 말을 하면서 길을 잃거나 주제를 놓치는 일은 많이 줄었다. 말 외에도 나의 부족한 대화 능력을 보완해준 여러 가지 수단-그림 같은-으로 생각을 더 잘 표현할 수 있게 되었다.

이렇게 글쓰기와 발표는 정보 전달 역량을 개선하는 데 큰 도움이 된다. 특히 나처럼 타고난 말재주가 부족한 개발자는 꾸준히 글을 쓰고 발표에 참여해보자. 말로 소통 역량을 높이는 데 많은 도움이 될 것이다.

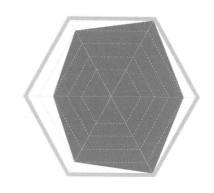

11장

리더와 팔로워

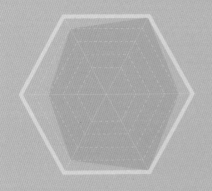

이 책의 마지막 주제는 리더와 팔로워십Followership이다. 팀장 같은 직급이 있어야 리더가 된다고 생각하는 사람이 있지만 이건 잘못된 생각이다. 또한 리더역할을 하지 않고 주어진 일만 하겠다는 자세도 잘못됐다. 누구나 주변에 영향을 미칠 수 있고 누구나 따라야 할 대상이 있기 때문이다. 우리 모두가 리더이면서 동시에 팔로워이기에 두 역할을 이해하고 연습해야 한다.

 ## 리더 연습하기

오직 상사가 시키는 일만 하고 싶다면 이 장은 건너뛰자. 혼자서 일하는 게 좋고 죽어도 아래 직급 사람과 함께 일하고 싶지 않을 때도 이 장을 읽을 필요가없다. 하지만 그럴 수 없는 상황이라면 리더가 되고 싶지 않더라도 리더가 되는 연습을 해야 한다.

리더를 하려면 직급이나 직위가 필요하다고 생각하는 사람이 있다. 또 리더는아무나 하는 게 아니라고 여기는 사람도 있다. 하지만 서로에게 주는 영향력을생각해봤을 때 우리 모두 리더가 될 수 있다. 좋든 싫든, 의식하든 의식하지 않든 간에 우리는 주변에 영향을 주기 때문이다. 리더십이 반드시 상사와 부하직원 사이에서만 형성되는 게 아니다. 주변에 영향을 주고 있다면 그게 바로리더십이다.

타고난 리더십을 가진 사람도 있다지만 대부분 그러지 못한다. 오히려 성장하는 과정에서 리더십을 배운다. 탁월한 리더는 아무나 될 수 없겠지만 리더십을향상할 수는 있다.

리더십도 연습해야 한다. 규모가 작은 업무가 있다면 리더를 연습할 수 있는 좋은 기회다. 나보다 경험이 부족한 직원과 팀을 이뤄 업무를 이끌어보자. 마땅한 업무가 없다면 상급자에게 나보다 경험이 부족한 직원과 함께 할 만한 작은 일을 달라고 요청해보자. 연습할 기회가 더 빨리 생길 것이다.

작더라도 리더로서의 경험이 쌓이면 자신의 리더십 성향을 알아가는 데 도움이 된다. 또한 본인이 어떤 강점이 있고 어떤 게 부족한지도 알게 된다. 여러 직원을 관리하고 이끌면서 사람에 대한 이해도 넓힐 수 있다. 신경 써야 할 직원이 생기면 일을 관리하는 다른 방법도 배우게 된다.

리더십을 향상하는 데 경험이 정말 중요하지만, 경험만으로는 부족하다. 리더십 관련 책을 읽거나 강의를 들을 필요가 있다. 경험은 제한된 상황에서 이뤄지기 때문에 경험하지 못하는 상황이 훨씬 많다. 경험에서 부족한 부분을 책과 강의로 채워 나가야 한다. 책에 나오는 내용이 100% 정답은 아니겠지만 많은 도움을 얻을 수 있다.

▶ 우리는 서로에게 영향을 주기 때문에 직위나 직급이 없더라도 언제든 리더가 될 수 있다. 따라서 리더의 역할을 이해하고 있어야 한다.

문제 해결 리더십

리더십 관련 책은 워낙 많지만 그중에서 한 권을 골라보자면 제럴드 와인버그 Gerald M. Weinberg가 쓴 『테크니컬 리더』(인사이트, 2013)를 권한다. 이 책은 기술자를 위한 리더십으로 문제 해결 리더십을 제시한다. 특히 문제 해결 리더십을 발휘하기 위한 MOI 모델을 제안한다. MOI는 각각 동기 부여Motivation, 조직화 Organization, 아이디어 · 혁신Idea·Innovation을 의미한다.

개발자는 기술로 문제를 해결한다. 이런 관점에서 보면 개발자에게 필요한 리더십이 문제 해결 리더십인 것은 당연해보인다. 『테크니컬 리더』에 따르면 뛰어난 기술 리더는 혁신, 즉 '더 좋은 방법으로 무언가를 한다'는 가치로 사람들의 능력을 발휘하게 한다. 그리고 혁신을 위해 다음 3가지 활동에 힘을 준다고 한다.

- 문제 이해하기
- 아이디어 흐름 관리하기
- 품질 유지하기

문제를 올바르게 해결하려면 당연히 어떤 문제인지 제대로 이해해야 한다. 문제를 잘못 이해하면 해결책도 잘못되기 마련이다. 잘못된 해결책은 재작업을 하게 만들거나 최악의 경우 프로젝트를 취소시키기도 한다. 이런 상황을 최소화하려면 문제를 올바르게 이해하는 게 가장 중요하다.

문제를 해결할 아이디어도 관리해야 한다. 주의할 점은 내가 제시한 아이디어가 최고라는 자만에 빠지지 않는 것이다. 뛰어난 기술력으로 리더 자리에 올라간 사람일수록 이 함정에 빠지기 쉽다. 다양한 의견을 청취하고 수용하려는 노력이 필요하다.

문제를 해결하는 뛰어난 아이디어가 있다고 하더라도 결과물의 품질이 떨어지면 아무 소용이 없다. 문제 해결 리더는 품질을 일정 수준 이상으로 유지하기 위해 노력해야 한다.

문제 이해, 아이디어 관리, 품질 유지를 하는 데 MOI 모델을 적용할 수 있다. 문제에 대한 알맞은 해결안을 제시하거나(혁신), 명세서를 읽고 해결안을 도출하도록 독려할 수 있다(동기 부여). 또는 자리 배치나 구조를 변경해서 소통을 촉진할 수도 있다(조직화).

본인이 가진 구현 역량(혁신)으로 리더십을 발휘하는 개발자는 MOI 모델에서 I(아이디어 · 혁신)에만 집중하는 경향이 있다. 하지만 본인이 다 할 필요는 없다. 혼자서 다 할 수도 없다. 동료와 함께 팀으로서 가치를 만들어낼 수 있어야 한다. 그래서 혁신과 함께 동기 부여 · 조직화 능력을 키워야 한다.

혁신, 동기 부여, 조직화를 다 잘하는 사람은 흔치 않다. 동기 부여와 조직화를 잘하는 사람은 따로 있다고 생각할 수도 있다. 동기 부여와 조직화는 쉽게 키울 수 있는 역량이 아니지만 그렇다고 향상할 수 없는 역량도 아니다. 최고 수준은 아니어도 동기 부여와 조직화 역량이 발전할 수 있도록 노력해보자. 혼자서는 해결할 수 없는 문제를 만났을 때 큰 도움이 된다.

> ### 📝 내적 동기 부여
>
> 동기 부여, 조직화, 혁신 · 아이디어 중에서 가장 어려운 것을 꼽자면 단연 동기 부여라고 생각한다. 개인적으로 다른 사람에게 자극을 주어 의욕을 불러일으키기가 가장 힘들었고 지금도 여전히 쉽지 않다.
>
> 같은 방식을 사용해도 누군가는 자극을 받지만, 또 다른 누군가는 반발했으며 보상으로 행해진 동기 부여도 별다른 효과가 없었다. 이처럼 금전적 보상, 압박 같은 동기 부여는 외

적 동기부여 방식이다. 다니엘 핑크Daniel H. Pink가 지은 『드라이브』(청림출판, 2011)에 따르면 이런 식의 외적 동기 부여 방식으로는 직원의 성과를 높이는 데 한계가 있다고 한다.

다니엘 핑크는 대신 내적 동기 부여를 제시한다. 내적 동기 부여를 일으키는 요인으로 주도성, 전문성 그리고 목적이 있다. 주도성은 자신의 삶을 결정하고 싶어 하는 욕망이다. 전문성은 의미 있는 것을 더 잘하고 싶은 욕망이다. 목적은 자신보다 더 큰 무언가를 향해 뭔가 하고 싶다는 열망이다. 이 3가지에 집중하면 내적 동기 부여를 높일 수 있다고 한다.

내적 동기 부여가 중요하다고 해서 외적 동기 부여가 중요하지 않은 것은 아니다. 급여나 복지 같은 외적 요인은 중요하다. 단지 이런 외적 요인은 장기적으로 영향을 주지 못한다. 단기가 아닌 중장기적으로 개발자에게 동기를 부여하고 싶다면 외적 동기 부여와 함께 내적 동기 부여를 끌어 올릴 방법을 고민해야 한다.

사람이 아닌 프로세스·시스템 변화시키기

사람은 쉽게 바뀌지 않는다. 처음 리더를 맡을 때 힘든 이유 중 하나가 이와 관련 있다. 더 나은 방법을 알려주는데도 바뀌지 않는 사람을 보면서 힘들어하는 초보 리더가 많다. 변화는 결국 본인 스스로 해야 한다. 다른 사람이 변화할 때 내가 촉매제가 될 수는 있지만 본인의 의지가 없다면 변화는 일어나지 않는다.

그러니 사람을 변화시키려고 애쓰지는 말자. 변화가 필요하다면 사람이 아닌 프로세스와 시스템에 집중하자. 프로세스와 시스템을 바꾸고 사람들이 그 프로세스와 시스템을 따르도록 만들자. 이런 과정에서 변화가 자연스럽게 생긴다. 프로세스와 시스템 변경이 쉽다는 뜻이 아니다. 사람을 변화시키는 것보다는 조금이나마 수월하다는 의미다.

모든 변화가 그렇듯 한 번에 이뤄지는 변화는 없다. 자동화된 배포 시스템을 사용하지 않고 수작업으로 배포하는 조직을 맡은 적이 있다. 작업자 PC에서 빌드하고 파일을 서버에 올리는 식으로 배포하고 있었다. 배포를 자동화하려고 시도한 흔적은 남아 있었다. 배포 자동화를 적용하려고 한 개발자는 다른 회사로 이직한 상태였는데 바뀌지 않는 구성원을 보면서 많은 좌절감을 느꼈다고 한다.

기존 프로세스를 변경하는 것은 매우 힘든 일이다. 본인의 리더십이 미치는 영향력이 작을 때는 더 그렇다. 그래서 동료가 변화를 받아들일 때의 장점을 명확하게 느낄 수 있도록 지속해서 노력해야 한다. "만들었으니까 써봐"라고 말만 하면 안 된다. 본인 스스로 모범 사례가 되어야 한다. 또한 장점을 느낄 수 있도록 옆에서 도와줘야 한다. 그래야 비로소 조금씩 바뀌는 모습을 볼 수 있다.

기술력 상실의 두려움 없애기

리더나 관리자가 되면 회의 참석, 일정 조율, 업무 관리처럼 코드 작성과는 거리가 먼 일의 비중이 늘어난다. 그러다 보면 이전과 같은 기술력을 유지할 수 있을지에 대한 두려움이 생기기도 한다.

하지만 코딩이 기술력의 전부는 아니다. 넓은 시야와 깊은 수준으로 시스템을 바라보고 아키텍처를 설계하는 역량은 구현 못지않게 중요한 기술 역량이다. 복잡한 시스템을 알맞은 단위로 분해하고 진행 계획을 세우는 역량 역시 시니어 개발자가 가져야 할 중요 역량이다. 동료가 제시한 구현 기술 후보 중에서 현재 상황에 맞는 기술을 선택할 수 있는 기준을 갖추는 것도 중요하다.

이렇듯 리더는 코드 작성 외에 갖춰야 할 역량이 많다. 주니어를 벗어나야 할 개발자가 이런 다양한 역량을 성장시키는 데 소홀하고 구현 기술만 파고 있으면 오히려 문제가 될 수 있다.

자의든 타의든 리더나 관리자 역할을 맡게 될 때 그동안 쌓아 올린 기술력을 상실하게 된다는 두려움을 갖지 말자. 대신 고참 개발자로 성장하는 데 필요한 여러 역량을 골고루 높일 기회로 생각하자.

대신하지 않기

뛰어난 기술력이든 적극적인 자세든 간에 무언가를 잘한 덕분에 개발 리더가 되곤 한다. 그래서일까? 직원이 어려움을 겪고 있거나 진도가 잘 안 나갈 때 내가 하면 빨리할 수 있다는 생각이 들 때가 많다.

이때 직원을 돕겠다는 마음으로 직원이 할 일을 리더가 대신하기도 한다. 직원이 맡은 기능을 구현하는 식으로 말이다. 내가 가진 역량을 발휘해서 직원을 도왔다는 생각에 뿌듯할 수도 있다. 하지만 직원을 도왔다고 볼 수 없다. 오히려 직원이 성장할 기회를 훔친 것에 가깝다.

직원의 성장을 바란다면 일을 대신하지 말고 마음의 여유를 갖자. 위기 순간에는 빠른 조치를 위해 직접 나서야 할 때도 있지만 위험한 상황이 아니면 대신

하고 싶다는 유혹을 견뎌야 한다. 돕고 싶다면 구현 안을 함께 검토하거나 짝 코딩을 사용해서 지식을 전파하는 식의 다른 형태로 지원하자.

자율성

대신하지 않기는 자율성과도 관련 있다. 일을 맡겨 놓고 작은 것까지 하나하나 지시하는 마이크로 매니저는 직원의 자율성을 뺏는다. 자율성이 없는 직원은 주도성을 잃는다. 어차피 상급자가 시키는 대로 해야 하기 때문이다. 괜히 내 생각대로 했다가 욕을 먹으니 수동적으로 시킨 일만 하는 게 낫다고 생각하게 된다.

직원에게 동기 부여를 해주고 주도적으로 참여하도록 유도하고 싶다면 자율 성을 최대한 보장해줘야 한다. 간섭할수록 주도성은 떨어진다. 일단 맡겼다면 간섭을 최소화하고 기다리자.

자율성 보장이 모든 것을 마음대로 하게 두는 것을 의미하는 게 아니다. 자율 성에도 어느 정도의 통제가 필요하다. 여기서 말하는 통제는 하나하나 작은 것 까지 지시하는 관리가 아니다. 진척 상황을 확인하고 위험 요소를 검토한 다음 샛길로 빠지지 않게 막아주는 역할을 의미한다. 자유에 책임이 따르는 것처럼 자율성 보장에도 관리가 필요하다.

도움 요청하기

나는 4년 차 쯤에 처음으로 리더와 비슷한 역할을 했다. 나보다 경력이 적은 2명과 함께 3개월 정도 되는 분량의 프로젝트를 진행했다. 처음 이 프로젝트를 맡았을 때 모두 다 내가 책임지고 완수해야 한다는 부담감을 먼저 느꼈다. 힘든 일이 있어도 내 선에서 처리하려고 노력했다.

하지만 리더라고 해서 힘든 일을 혼자 떠맡을 필요는 없으며 잘하는 모습만 보이려고 애쓰지 않아도 된다. 리더가 가져야 할 책임은 일을 제대로 끝내는 것이다. 그저 열심히만 해서는 안 된다. 힘든 일이 있거나 도움이 필요하면 상위 직급자한테 지원 요청을 하거나 함께하는 직원에게 도움을 구하자. 제때 도움을 구하지 않아 일이 엉망이 되는 것 보다 제때 도움을 구해 일이 제대로 진행되는 것이 낫다.

규모의 비경제 이해하기

리더 역할을 맡고 경험이 쌓이면 맡게 될 프로젝트가 점점 커지게 된다. 규모가 커지면 일정에 대한 부담도 커지고 실제로 조금씩 일정이 지연되기도 한다. 이때 개발 참여 인력을 늘리면서 발생하는 '규모의 비경제'에 빠지지 않도록 조심해야 한다.

프로젝트가 지연되면 개발자를 추가로 투입하는 것을 검토하는 리더가 많다. 인력을 더 투입하면 개발이 더 빨리 끝날 것 같은 느낌이 들기 때문이다. 하지만 잘못하면 정반대의 결과가 벌어진다. 소프트웨어 프로젝트는 규모가 커질수록 경제성이 떨어질 가능성이 높다. 캐퍼스 존스Capers Jones는 『The Economics of Software Quality』(Addison-Wesley, 2011)에서 프로젝트 규모가 커지면 품질 문제가 더 많이 발생하고 결함 수정 비용도 증가하며 개발자의 생산성도 떨어진다고 말했다.

프레더릭 브룩스Frederick Philips Brooks가 쓴 『맨먼스 미신』(인사이트, 2015)에서도 비슷한 내용을 언급하고 있다. 지연된 프로젝트에 개발자를 추가로 투입하면 일정이 더 늦어진다는 것이다. 이것을 브룩스의 법칙Brook's law이라고도 한다. 이 법칙에 따르면 진행 중인 프로젝트에 인력을 추가로 투입하면 소통 비용과 부하가 늘어나면서 개발 시간이 줄기는커녕 오히려 증가한다.

소프트웨어 개발에서 규모의 비경제를 이겨내는 방법은 대규모 프로젝트를 여러 개의 작은 프로젝트로 나누는 것이다. 프로젝트를 나누고 각 프로젝트에 소규모 팀을 할당하면 개발자 생산성도 높아지고 프로젝트 성공 가능성도 올라간다. 이렇게 프로젝트를 나누는 방법이 규모가 커지면서 발생하는 비경제성을 어느 정도 해소해준다.

프로젝트를 나눌 때는 독립성에 중점을 둬야 한다. 각 프로젝트가 최대한 독립적으로 진행되어야 규모에서 오는 비경제성이 줄어든다. 결합도를 낮추는 방식으로 아키텍처를 구성하면 독립적으로 프로젝트를 진행하는 데 도움이 된다. 예를 들면 도메인을 중심으로 프로젝트를 나누고 각 도메인을 구현한 모듈 사이에 추상화한 인터페이스나 메시징으로 연동하면 프로젝트(그리고 팀) 간의 의존을 줄여 독립성을 높일 수 있다.

> 💡 **도메인**
>
> 소프트웨어로 해결하고자 하는 문제 영역을 도메인이라고 부른다. 이 용어는 도메인 주도 설계Domain-Driven Design(DDD)라는 개념과 관련이 있는데 매우 추상적이기 때문에 이해하기 어렵다. DDD에 대해 더 알고 싶다면 『도메인 주도 개발 시작하기』(한빛미디어, 2022)를 참고하자.

 **팔로워**

경력이 부족할 때는 시키는 일만 하기에도 벅차다. 경력이 쌓일수록 주어진 업무를 어떻게 처리하고 팀원으로서 어떤 역할을 해야 하는지도 고민해야 한다. 리더십만큼이나 팔로워십도 중요하다. 팔로워십은 단순히 리더를 따르는 것을 의미하지 않는다. 팔로워십은 리더와 조화를 이루고 능동적으로 일을 수행하면서 리더가 성공할 수 있도록 지원하는 것을 말한다.

팔로워가 없다면 리더는 아무것도 할 수 없다. 반대로 리더가 조직 내에서 성과를 내지 못하면 팔로워 역시 성과를 내기 어렵다. 리더와 팔로워는 공생 관계이다. 팔로워는 리더와 소통하고 공감하며 문제를 발견하고 의견을 제시해서 리더와 함께 조직의 목표를 달성하는 데 기여한다.

좋은 팔로워가 되려면 전문성을 키워야 한다. 리더가 제시한 목표에 동의해도 목표를 달성할 수 있는 역량이 없다면 리더와 팔로워 둘 다 좋은 성과를 낼 수 없다. 또한 역량이 있어야 문제가 생겼을 때 리더와 함께 헤쳐 나갈 수 있다.

팔로워십과 영향력

리더는 전지전능한 완벽한 존재가 아니다. 리더 역시 사람이고 잘못된 결정을 하기 마련이다. 이때 팔로워십이 필요하다. 좋은 팔로워는 리더가 제시하는 방향을 잘 지원하고 따르는 것뿐 아니라 리더가 잘못된 의사 결정을 내렸을 때 리더가 올바른 방향으로 이끌어갈 수 있도록 노력한다. 즉 팔로워는 리더에게 영향력을 행사한다.

리더가 올바른 결정을 할 수 있도록 돕고 싶다고 해서 무턱대고 리더에게 의견을 제시하지는 말자. 리더가 불합리해 보이는 의사 결정을 내린 이유는 조직적인 이유 때문일 수도 있다. 또는 내가 미처 생각하지 못한 문제 때문일 수도 있다. 그러니 리더가 왜 그런 결정을 했는지 맥락을 파악해야 한다.

팔로워십을 발휘하려면 상향 관리가 중요하다. 『스태프 엔지니어』(길벗, 2022)를 보면 "상향 관리의 핵심은 여러분과 관리자 사이의 대화 폭을 넓히고 마찰을 줄이는 것이다"라는 말이 나온다. 『스태프 엔지니어』는 관리자와 관계를 유지하는 방법으로 다음 3가지를 제시한다.

- 관리자를 놀라게 하지 말자. 관리자를 놀라게 하면 신뢰가 사라질 수 있다.
- 관리자에게 놀라지 말자. 관리자가 모든 세세한 사항을 챙길 것이라고 기대하지 말자. 대신 관리자와 적극적으로 소통해서 정보·피드백을 얻자.
- 관리자에게 관련 정보를 제공하자. 유용하다고 생각하는 정보가 있다면 관리자에게 전달한다.

상향 관리는 아첨이나 내부 정치와는 다르다. 상향 관리는 리더가 올바른 판단을 하는 데 도움을 주어 성과를 낼 수 있도록 하는 것이며 결국 팔로워의 성과로 연결된다.

나쁜 팔로워 되지 않기

바버라 켈러먼Barbara Kellerman이 쓴 『팔로워십』(더난출판사, 2011)을 보면 나쁜 팔로워에 대해 정의하고 있다. 다음은 이 책에서 언급한 나쁜 팔로워에 대한 정의다.

- 아무것도 하지 않기(전혀 관여하지 않기)

- 나쁜 리더(비효율적이거나 비도덕적인)를 지지하기
- 좋은 리더(효율적이고 도덕적인)를 반대하기

좋은 팔로워가 되려면 좋은 리더를 지지하거나 나쁜 리더를 반대해야 한다. 그런데 나쁜 리더를 반대하기가 쉽지만은 않다. 나쁜 리더가 가진 권한이 크다면 더 그렇다. 나쁜 리더를 반대하는 과정에서 직장을 잃거나 보복을 당할 수도 있다. 나쁜 리더를 쉽게 막을 수 있었다면 히틀러 같은 최악의 독재자가 탄생하는 일도 없었을 것이다.

나쁜 리더를 막을 만큼 영향력을 행사하지 못하더라도 나쁜 리더의 방향을 지지하지 않는 방법으로 나쁜 팔로워가 되지 않을 수는 있다. 나쁜 리더가 있다고 해서 나쁜 팔로워가 되지는 말자.

나쁜 리더와의 관계

나쁜 리더는 조직에 악영향을 끼친다. 비윤리적이거나 난폭하거나 간교한 사람이 리더가 되면 특히 그렇다. 이런 리더의 관심사는 오직 자신의 이익뿐일 때가 많다. 회사나 조직은 그다음이다. 이런 사람이 최상위 리더의 위치에 오르면 조직은 순식간에 망가진다. 건강한 소통은 사라지고 아첨꾼과 사내 정치가 판을 친다. 이런 리더를 만나면 견디지 못하고 퇴사하는 사람도 늘어난다. 나 역시 나쁜 리더가 최상위 관리자 위치에 오르게 되면서 급격하게 조직이 망가지는 모습을 지켜본 적이 있다.

나쁜 리더를 피할 수 있으면 좋겠지만 언젠가는 만나게 된다. 회사는 고를 수 있어도 상사를 고르는 건 쉽지 않다. 게다가 조직에서 나쁜 리더가 승진하는 모습도 종종 볼 수 있다.

그렇다면 나쁜 리더와는 어떻게 지내야 할까?『구본형의 THE BOSS 쿨한 동행』(살림Biz, 2009)에서 힌트를 얻을 수 있다. 이 책은 나쁜 상사와 동행할 방법을 소개하는데 핵심은 결국 본인의 역량에 달려있다. 일을 잘 하고 조직에 필요한 인력이 되면 나쁜 상사와의 관계도 개선된다는 것이다. 조직에서 중요한 인물이 되면 나쁜 상사라 해도 쉽게 어쩌지 못하고 더 나아가 영향력을 행사해서 원하는 결과도 만들어낼 수 있다.

하지만 쉬운 일이 아니다. 감정을 관리해야 하기 때문이다. 개인적으로 감정 관리에 실패해서 결말이 좋지 않았던 경험이 있다. W사에 다닐 때의 일인데 감정이 좋지 않은 상사와의 회의에서 평정심을 유지하지 못하고 횡설수설한 적이 있다. 상사와 한 공간에 함께 있는 자체가 싫었고 시간이 빨리 가길 바랐다. 감정을 자제하고 냉정함을 유지해야 했는데 그러지 못했다.

나 같은 실수를 하지 않길 바란다. 나쁜 상사를 만나더라도 감정에 흔들리지 말고 침착함을 유지하자. 그리고 차분히 결과를 내는 데 집중하자. 그러면 점차 팔로워로서 영향력을 발휘할 수 있다.

☑ 또 다른 나쁜 리더 사례

I사에서도 나쁜 리더인 J를 만난 적이 있다. J는 조직을 운영할 역량이 부족하고 실적이 없었음에도 높은 자리에 올랐다. J는 타인을 깎아내리는 데 능했는데 이런 행동으로 자신의 부족함을 감췄다. 본인은 뛰어난데 누군가가 일을 못 해서 결과가 안 나온다는 식이었다.

J는 높은 자리에 오르고 나서 내가 속한 조직도 무시했다. 회의 자리에서 빈정대고 트집을 잡으며 능력이 없다고 자존심을 건드리기 일쑤였다. 소문에 의하면 최고 경영자에게 우리 조직에 대한 험담도 일삼았다고 한다.

다행히 우리 조직은 최고 경영자에게 신뢰받고 있었다. 이 신뢰가 처음부터 쌓인 것은 아니다. 서비스 안정화, 문제 해결, 유관 조직과 협업 등으로 성과를 내면서 신뢰를 높인 것이다.

조직 구조상 J가 요구한 일의 일부를 해야 했지만 요구한 모든 일을 하진 않았다. 또한 우리가 중요하다고 생각한 일도 병행해서 진행했다. 이렇게 할 수 있었던 것은 그동안 쌓아 올린 신뢰가 있었기 때문이다. 그동안 축적한 신뢰는 J가 마음대로 하지 못하게 영향력을 발휘하는 힘이 되었다.

이끌거나 따르거나 비켜서라

"이끌거나 따르거나 비켜서라" 이 말은 CNN 창업자 테드 터너Ted Turner가 한 말이다. 여러 사람과 함께 일한다면 둘 중 하나는 해야 한다. 리더가 되어 누군가를 이끌거나, 팔로워가 되어 누군가를 따라야 한다. 이도 저도 싫다면 그들이 나아갈 수 있게 비켜서야 한다.

경력이 쌓이면 누구나 팔로워이면서 동시에 리더가 된다. 팀장을 따르면서 나보다 경험이 부족한 동료를 이끌어야 한다. 이때 좋은 리더가 되려면 먼저 좋은 팔로워가 되어야 한다. 좋은 팔로워는 리더가 의사 결정하는 과정에 참여하고 좋은 결정을 내릴 수 있게 함께 고민한다. 이런 경험이 좋은 리더가 되는 씨앗이 된다.

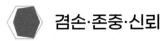 **겸손·존중·신뢰**

리더와 팔로워, 동료는 한 팀으로 협업해야 한다. 하나의 팀으로 일하기 위해서는 사회적 기술이 필요하다. 『구글 엔지니어는 이렇게 일한다』(한빛미디어, 2022)에서는 사회적 기술로 다음 3가지를 제시한다.

- 겸손 – 우주의 중심은 내가 아니다. 나는 다 알지 못하며 완벽하지도 않다. 그리고 스스로 발전하는 데 열려 있다.
- 존중 – 진심으로 상대를 배려한다. 동료에게 친절히 대하고 동료의 능력과 성취를 인정한다.
- 신뢰 – 동료가 능숙하게 올바른 일을 하리라 믿는다.

여러분이 회사에서 가장 뛰어난 역량을 가졌다고 스스로 생각한다면 겸손하기란 쉽지 않다. 본인이 회사에서 가장 중요한 인물이라고 생각할 수도 있다. 또는 조직에서 영웅 대접을 받고 싶어 하는 개발자도 종종 볼 수 있다. 하지만 이런 사람과 일하고 싶어 하는 동료는 많지 않다. 함께 일하고 싶은 리더, 팔로워, 동료가 되려면 겸손이 필요하다.

동료의 부족함을 지적할 때는 개인을 비난하지 말고 최대한 정중해야 한다. 반대로 동료가 나를 지적할 때도 나를 비난한다고 생각할 필요도 없다. 예를 들어 내가 작성한 코드의 부족함을 지적당해도 코드에 나를 대입할 필요가 없다. 코드는 코드고 나는 나다.

겸손, 존중, 신뢰 중에 가장 가지기 힘든 것이 신뢰다. 단순히 시간을 함께 보낸다고 해서 신뢰가 형성되는 것은 아니다. 신뢰를 주는 것과 동시에 신뢰받기 위해 노력해야 한다. 스티븐 코비Stephen M. R. Covey는 『신뢰의 속도』(김영사, 2009)에서 신뢰는 역량과 성품을 기반으로 이루어진다고 했다. 즉 태도가 좋아도 역량이 없으면 신뢰가 생기지 않는다. 반대로 역량이 좋아도 태도가 나쁘면 신뢰하기 어렵다. 신뢰를 만들기 위해서는 좋은 태도를 유지하면서 역량을 높이는 노력이 필요하다.

한 번 맺은 관계는 프로젝트보다 더 오래 간다. 심지어 회사를 떠나서 유지되기도 한다. 좋은 관계는 어려울 때 서로 큰 힘이 되어준다. 반대로 잘못된 관계는 도움이 되기보단 방해만 된다. 회사를 떠나서도 마찬가지다. 그러니 관계의 힘을 무시하지 말자. 지금 얻은 신뢰가 앞으로 큰 도움이 될 것이다.

맺음말

사회 초년생일 때는 흔히 사수라고 불리는 선배에게 많은 도움을 받게 된다. 업무를 하면서 기술 역량도 향상할 수 있다. 경력이 쌓이면 상황이 달라진다. 나서서 알려주는 사람이 줄고 내가 알려줘야 할 위치가 된다. 기술 역량이 늘었는데도 한계에 부딪힌다. 기술 외에 다양한 역량도 필요하다.

다양한 역량을 보고 배울 수 있는 리더와 동료가 있다면 큰 도움이 된다. 이런 리더와 동료가 주변에 있다면 운이 좋은 것이다. 하지만 운이 좋다고 실력이 늘지는 않는다. 주변에 배울 만한 사람이 있다고 해서 내 실력이 절로 늘지는 않는다는 얘기다. 『테크니컬 리더』에 다음과 같은 문장이 나온다.

자신의 교육은 스스로 책임진다.

결국 역량 향상은 스스로 책임져야 한다. 스스로 노력하지 않으면 역량은 늘지 않는다.

건강한 몸을 갖기 위해 여러 가지 영양소가 필요한 것처럼 좋은 개발자가 되려면 구현 기술 외에도 다양한 역량을 키워야 한다. 이 책의 제목에 여러 역량을 갖춰야 좋은 개발자가 될 수 있다는 것을 강조하기 위해 육각형 개발자[1]란 표현을 썼다. 모든 역량을 다 잘하기는 어렵지만 골고루 발전시킬 수는 있다.

구현 기술만 편식하지 말고 개발에 필요한 다양한 역량을 섭취해서 좋은 개발자로 성장하길 바라며 이 책을 마무리한다.

이 책이 출판될 수 있도록 도와준 한빛미디어의 홍성신, 김대현 님에게 고마움을 전합니다. 그리고 개발자로 성장하는 데 좋은 자극을 주시는 김선회, 백명석 선배님께 감사를 표합니다. 마지막으로 책을 쓰는 동안 힘이 되어준 사랑하는 아내 은선, 딸 지설에게 감사의 마음을 전합니다.

2023년 최범균

---

1   스포츠계에서 다양한 능력치가 고루 균등한 선수를 '육각형 선수'라고 부른다. 이 책의 제목이기도 한 '육각형 개발자'는 여러 역량을 고루 갖춘 개발자라는 의미로 사용했다.

찾아보기